Die Mooskate
am Jungfernstieg

BoD-Verlag

Monika E. Khan

Die Mooskate am Jungfernstieg

BoD-Verlag

Bibliografische Information der Deutschen Bibliothek:
Die Deutsche Bibliothek verzeichnet diese Publikation
in der Deutschen Nationalbibliografie. Detaillierte Daten
sind im Internet abrufbar über: http://dnb.ddb.de/

Impressum
© 2014 Monika E. Khan, Hamburg
http://www.die-besten-singlereisen.de/
DTP-Satz Buchblock: Aike Zuther, Kollow
Cover-Gestaltung: Thomas F. Rohde, Norderstedt
http://www.thomas-frank-rohde.de/
Illustrationen: © 2014 Günther Bema, Heide
http://www.strichwerke.de/
Lektorat: Helga Dudda, Helga Oswald & Heike-Maria Trabert
Herstellung und Verlag: BoD - Books on Demand,
Norderstedt, http://www.bod.de/
ISBN: 978-3-8391-5377-2

In geselliger Runde im Dorfkrug „Mückenbach" gab Klaus Döntjes aus seiner Kindheit in Kollow zum Besten. Ein schwedischer Gast amüsierte sich köstlich und wollte wissen:
„Ja, wo gibt es denn diese seltsamen Leute?"

„Diese seltenen Exemplare gibt es nicht mehr – sie treten nicht mehr auf."

(Zitat: Klaus Kottler)

Schade!!!

Inhaltsverzeichnis:

Vorwort

Bereits seit vielen Jahren spielte ich mit dem Gedanken, ein Buch über meine erlebnisreiche Kindheit im schönen Dorf Kollow zu schreiben. Doch nur allein der Gedanke schafft ja noch kein Buch. Ein Zufall kam mir zu Hilfe: Auf der Internetseite Kollow.de suchte Heike-Maria Trabert, die den Arbeitskreis der Chronik „Kollow, unser Dorf" leitete, noch ehemalige Kollower, die bereit waren, mit ihren eigenen Erlebnissen und Geschichten aus ihrer Kollower Zeit, die Chronik zu ergänzen. Mit viel Freude habe ich mich den Chronisten angeschlossen.

Nachdem die Chronik „Kollow unser Dorf" im Viebranz-Verlag im August 2013 erschienen war, machte ich mich an die Arbeit, um mein eigenes Buch über Kollow zu schreiben.

Was bin ich nur all den Binnen- und Buten-Kollowern dankbar, dass sie mir ihre eigenen großen und kleinen Geschichten erzählten und mir stets mit Rat und Tat zur Seite standen. Zwei von ihnen, Herbert Schnackenbeck und Hans-Wilhelm Jenß weilen inzwischen nicht mehr unter uns. Im Nachhinein noch vielen Dank!

Dieses Buch habe ich auch als Andenken an meine verstorbene Familie geschrieben: An meine Eltern, Franz und Franziska Meyer sowie an meine Brüder, Ewald und Nauke, Butz und Lilla sowie Rolfi.

Bevor ich mein Manuskript zur weiteren Bearbeitung weggeben wollte, lernte ich den Karikaturisten Günther Bema kennen. In letzter Minute zeichnete er mir noch passende Bilder für so manche skurrile und lustige Geschichte.

Ich wünsche allen Lesern viel Spaß beim Lesen! Tauchen Sie ein in die Welt des vergangenen Jahrhunderts und erleben Sie das quirlige, witzige, aber auch so manches Mal tragische Leben zwischen Krieg und Frieden – 1938 bis 1953 – in dem kleinen hübschen Dorf Kollow.

Franz und Franziska

Ziemlich dramatisch begann die Geschichte meiner Mutter! Wer ihr leiblicher Vater war, wusste niemand außer meiner Oma, ihre Mutter. Dieses Geheimnis nahm meine Oma, als sie 1918 das Zeitliche gesegnet hatte, mit ins Grab. Obwohl, ein gesegnetes Ende hatte sie wahrscheinlich nicht bekommen, denn sie hatte sich das Leben genommen – nach der christlichen Lehre war es eine große Sünde. Sie hatte sich einfach erhängt, das Leiden hatte für sie ein Ende. Viel weiß ich nicht über meine Oma, denn meine Mutter hat nicht gern über diese Zeit gesprochen. Überhaupt wurde in meiner Verwandtschaft mütterlicherseits nur ganz selten über meine Oma geredet. Meine Großtante Henny, die Schwester meiner Oma, hat mir später, als ich erwachsen war, erzählt, dass meine Oma sehr unglücklich mit ihrer Lebenssituation war. Sie wollte stets etwas Besseres sein. Seit frühester Jugend träumte sie von einem Edelmann, der sie aus ihrer Armut befreien sollte. Wahrscheinlich hatte sie auch so einen Typen kennen gelernt. Doch vom Edelmann konnte nicht die Rede sein. Nachdem sie von ihm schwanger wurde, ließ dieser begüterte Herr sie einfach sitzen. Eine unvorstellbare Schande für die damalige Zeit.

Neunzehnhundertneun erblickte Franziska Bertha Christine Gewe, meine Mutter, im Hamburger Stadtteil Uhlenhorst, zweite Reihe Außenalster, das Licht der Welt. Wenn auch unehelich geboren, so doch wenigstens in einem vornehmen Stadtteil. Jedenfalls steht die Adresse in der Geburtsurkunde meiner Mutter. Dazu passen die Fotos aus der damaligen Zeit, auf denen meine Oma und meine Mutter abgebildet sind. Wunderschön sah meine Mutter als Achtjährige in ihrem weißen Kleid aus, das mit einer Spitzenbordüre am Saum und den Ärmeln eingefasst war. Passend dazu trug sie weiße Schuhe und weiße Söckchen. Ihre Naturlocken, die ihr bis auf die Schulter fielen, wurden mit einer Schleife gebändigt. Lässig hielt sie in ihrer linken Hand einen mit buntem Blumenbukett verzierten weißen Strohhut. Auch meine Oma trug ein elegantes, bodenlanges weißes Kostüm und den passenden Hut dazu, als sei sie die Unschuld in Person. Doch ein wenig schwermütig schaute sie schon drein.

Als meine Mutter zehn Jahre alt war, hatte meine Oma endlich einen Mann fürs Leben gefunden. Zumindest dachten die lieben Verwandten es. Er war zwar kein Edelmann, aber ein edler Mensch, denn er adoptierte meine Mutter vom Fleck weg, und so hieß sie fortan Schmüser mit Nachnamen. Zwar war er ein rechtschaffener Vermessungstechniker mit gutem Charakter, aber eben kein Edelmann aus vornehmem Hause. Das Glück hätte nun perfekt sein können. Sie waren doch jetzt eine richtige Familie. Glücklich fühlte sich meine Oma trotzdem nicht. Leider, denn kurze Zeit später machte meine Oma Schluss mit ihrem Leben.

Oder hatte meine Oma ihr Ableben von langer Hand geplant? Wollte sie lediglich einen Versorger für ihre uneheliche Tochter finden? War danach ihr persönliches Leiden zu Ende? Hatte sie womöglich bis zu ihrem selbstgewählten Tod den Vater ihres Kindes unsterblich geliebt?

Kurze Zeit später heiratete Opa Schmüser, der Adoptivvater meiner Mutter, wieder. Mit seiner neuen Frau bekam er zwei eigene Kinder. Künftig musste Mutter sich neben ihrer Schule um ihre Stiefgeschwister kümmern. Eine harte Zeit für Mutter. Als Franziska dann ihre Schule beendet hatte, arbeitete sie im Geschäftshaushalt ihrer Tante Henny, die in der Osterbekstraße einen Kolonialwarenladen besaß. Das war alles andere als ein Zuckerschlecken: schuften für wenig Geld, wahrscheinlich wie alle in der damaligen Zeit.

Doch dann wendete sich das Blatt für Franziska schlagartig zum Guten.

Mit ihrer Freundin Martha machte sie sich auf den Weg, um am sommerlichen Dorffest in Kasseburg teilzunehmen. Bereits beim ersten Atemzug auf dem Lande fühlte sie sich befreit und pudelwohl.

Kurzum entschied sie sich fürs Landleben. Schnell fand sie bei einer aufgeschlossenen Bäuerin eine Anstellung als Köcksch (Magd beim Bauern). Vom Äußeren her war Franziska eine moderne Großstadtfrau und passte so gar nicht in die ländliche Gegend. Ihr dickes Lockenhaar hatte sie sich zum Bubikopf schneiden lassen. Auch ihre Kleider waren nach dem letzten Schrei gefertigt. Franziska ließ so leicht keine Suppe anbrennen und verdrehte fortan den jungen Männern im Dorf den Kopf. Bei den Müttern und Bäuerinnen des Dorfes läuteten die Alarmglocken. Kurzerhand verboten sie ihren Söhnen den Umgang mit Franziska.

Ja, manche Bäuerin soll sogar ihren Sohn sofort 'reingerufen haben, wenn sie Franziska auf der Dorfstraße erblickte. Doch Franz Johann Heinrich Meyer, der jüngste Sohn eines Bauern, verliebte sich in Franziska und war mutig genug, sich mit ihr einzulassen. Sie wurde schwanger. Wenig später heiratete Franz seine Franziska.

Ewald, mein ältester Bruder, wurde geboren. Nach vier Jahren ging es dann Schlag auf Schlag, wie die Orgelpfeifen, jedes Jahr ein Kind. Es folgte der Walter, der Butz genannt wurde. Wieder ein Jahr später wurde Erich geboren, den Vater Nauke nannte. Genau ein Jahr und einen Monat später kam der Gerhard, der den schönen Spitznamen Lilla vom Vater bekam. Es war eine Marotte meines Vaters, seinen Söhnen nach der Taufe ungewöhnliche Namen zu verpassen. Danach zogen meine Eltern weg aus Kasseburg.

Ein Bauernhaus in Kleinformat

Die Mooskate –
Unser neues Zuhause im schönen
Dorf Kollow.
Viele Jahre hatte die Mooskate am
Jungfernstieg bereits auf dem Bu-
ckel, als meine Eltern im Sommer
1937 dort einzogen.
Nicht der Jungfernstieg zwischen den vornehmen Geschäften und der Binnenalster in Hamburg, nein, unser Jungfernstieg lag zwischen Bauernhäusern, Koppeln, Viehställen und Misthaufen.

Aus grauer Vorzeit besaß unsere Küche noch die Abzugsvorrichtung unter der die damaligen Bewohner ihr Essen über dem offenen Feuer gekocht haben. Nur die breite Öffnung nach oben war bereits zuge-mauert. Stattdessen stand nun unsere Wasserbank mit den beiden Wassereimern darunter. Unser ganzer Stolz in der Küche war der Feuerherd, dessen Grundgerüst aus Ziegelsteinen gemauert und mit Eisenblech ummantelt war. Blankgeputzte Messingbeschläge an den Türen und eine Messingstange, die vorn vor der Herdplatte befestigt war, schmückten den Kochherd.

Über dem Feuer hatte der Herd eine große, runde Öffnung, die man mit angepassten Ringen jederzeit verkleinern konnte, je nachdem,  welche Kochtopfgröße man benutzen wollte. Wenn Feuer im Herd war, wurde die gesamte Herdplatte heiß, so dass das Essen auch in mehreren Töpfen gleichzeitig weiter garte. Die Mooskate bot nicht nur ein Zuhause für meine Familie sondern auch für die Familie meiner Freundin Gisela Gaubatz sowie für unser liebes Vieh. Unterm vorderen Giebel lag die große Diele, darüber der Heuboden, und links und rechts der Diele waren die Viehställe. Links hatten Gaubatz ihren Viehstall und rechts wir Meyers. Unterm hinteren Giebel befanden sich die beiden Wohnungen mit je zwei Zimmern und der Wohnküche.

Um sich ihr Glück zu vervollkommnen, wünschten sich Franz und Franziska ein Mädchen und so wurde meine Mutter abermals schwanger.

Kaum hatten meine Eltern sich neu eingerichtet, erschien ich in einer eiskalten Winternacht im Jahre 1938 in dieser verwunschenen uralten Mooskate auf der Bildfläche.

Wer kann schon von sich behaupten, in einer Mooskate – einem Bauernhaus in Kleinformat – geboren zu sein.

In Kollow gab es viele Bauernhäuser, aber nur eine einzige Mooskate. Heute trifft man soetwas nur noch in Museumsdörfern.

Noch während der Geburt bescherte ich meiner Mutter Unannehmlichkeiten.

Mit einer schweren Thrombose musste sie mitten in der Nacht bei klirrender Kälte ins Lauenburger Krankenhaus eingewiesen werden, natürlich mit mir im Schlepptau.

Benannt wurde ich nach Mutters Adoptivschwester ‚Erika'! Eine dunkle Lockenpracht schmückte mein Haupt. Nicht nur Mutters Bettnachbarin schwärmte unentwegt von mir, auch die Krankenschwestern sollen ganz verrückt nach mir gewesen sein. Aus lauter Angst, ich könne mit einem anderen Baby vertauscht werden, band Mutter mir vorsorglich eine rote Schleife ins Haar.

Schnell wurde Mama wieder gesund und konnte freudestrahlend mit mir im Arm nach Hause. Schließlich warteten vier weitere Geschwister auf uns.

In den Wirren des Krieges

Kaum war ich zehn Monate alt, brach der zweite Weltkrieg aus. Kurze Zeit später hieß es für meinen Vater Abschied nehmen von seiner geliebten Familie. Er hatte Glück und kam zunächst nach Wismar, um dort in einer Wehrmachtswerkstätte die Schuhe der Soldaten in Ordnung zu bringen.
Mutter musste allein zusehen, wie Millionen andere Mütter auch, wie sie mit ihren Kindern über die Runden kam.
Aber wenigstens mussten wir weder flüchten, noch wurden wir ausgebombt. Und was zu Essen – egal was – hatten wir auch.

Solange Vater in Wismar stationiert war, kam er öfter mal am Wochenende auf Heimatbesuch nach Hause. Auf einem dieser Besuche verpasste Vater mir den Namen „Monika". Wahrscheinlich hatte ihn das neue Marschlied „Lebe wohl, du kleine Monika" inspiriert.
Meinen Namen Erika, den Mama mir zu Ehren ihrer Stiefschwester gegeben hatte, mochte Vater nicht, weil er meine Tante Erika nicht mochte.
„Ab heute nenne ich unser kleines Mädel Monika! Basta!", sagte Franz beim Abschied zu Franziska.
Zukünftig nannten mich nicht nur meine Familie, sondern das ganze Dorf: Moni. Erika stand nur noch auf dem Papier.

Moni brüllt: War ich ein Dickkopf! Ständig nervte ich meine Mutter.
Von klein auf nahm Mutter mich überall mit hin, ich liebte es mit zu marschieren, egal, wie weit und wohin. Auch wenn meine kleinen Beinchen schon weh taten und mir die Füße brannten, trotzdem lief ich tapfer weiter. Die große weite Welt lockte mich schon als ganz kleines Mädchen.
Wollte oder konnte Mutter mich mal nicht mitnehmen, terrorisierte ich meine Umwelt.

13

Weil ich noch zu klein war, um allein zu Hause zu bleiben, brachte Mama mich zu ihrer besten Freundin, Tante Gertrud, zwei Häuser weiter. Kaum war Mutter weg, brüllte ich ununterbrochen! Sturzbäche von Tränen liefen mir übers Gesicht. Mit meinen schmutzigen Händen wischte ich sie zwischendurch immer wieder fort. „Wie siehst du denn aus? Du bist ja völlig verschmiert, so nehme ich dich nicht mit ins Haus!", meinte Tante Gertrud forsch. Sie hatte keine Kinder, noch nicht. Sie war den ganzen Tag zu Hause, alles blitzte und blinkte bei ihr. „Warte, bleib hier, ich hol nur schnell die Waschschüssel." Sie verschwand im Haus und ich brüllte draußen im Garten weiter. Bewaffnet mit einer Waschschüssel, Seife und einem Waschlappen tauchte sie wenig später wieder auf. Sie ging zur Wasserpumpe, die in ihrem Garten stand, nahm den eisernen Hebel und pumpte Wasser in die Schüssel. „Komm Moni, jetzt machen wir ein hübsches, sauberes Mädchen aus dir." Sie stellte die Schüssel auf die Bank, die neben der Eingangstür stand, nahm den Waschlappen und schrubbte mich, als wolle sie mir die Haut entfernen. Ich brüllte noch mehr. Zum Schluss wrang sie den Waschlappen aus und trocknete mich damit ab. Es nützte nichts, ich brüllte weiter. „Hör jetzt endlich auf zu brüllen, was sollen bloß die Nachbarn denken? Komm wir gehen ins Haus!" Sie zerrte mich ins Haus. „Soll ich dir ein leckeres Brot schmieren?", versuchte sie mich zu beruhigen. Statt einer Antwort weinte ich weiter. Krampfhaft überlegte sie, was sie nur mit mir machen könne, damit ich mit diesem entsetzlichen Krach aufhörte. Endlich kam Mama zurück, schlagartig hörte ich auf zu schreien! Wütend empfing Tante Gertrud Mama mit den Worten: „Auf dein verzogenes Gör passe ich garantiert nicht wieder auf!" Es war nicht Mama, die mir fehlte. Es war, weil ich nicht mitdurfte!

Liebesbrief aus Wismar
Mein Liebling!
Muss mich mal wieder zusammenreißen und Dir ein paar Zeilen schreiben. Komme gerade von der Arbeit. Habe Ewalds Stiefel jetzt ziemlich fertig. Es wird aber auch Zeit, denn die Tage laufen jetzt wie doll. Heute war ich nochmal in der Stadt, um eine Kleinigkeit für Dich zu kaufen, aber leider nicht zu machen, mein Liebling.

Du musst dieses Jahr mit meiner Liebe vorlieb nehmen. Es tut mir furchtbar leid, denn ich hätte Dir sehr gerne eine Freude bereitet, aber Sachen, die ich wohl kaufen möchte sind zu teuer und irgend etwas anderes kriegt man ohne Kleiderkarte oder Stammkarte hier nicht. Dir wird es wohl genau so mit mir ergangen sein und denn ist ja auch alles in Ordnung. Ich glaube das Beste ist, wir freuen uns mit den Kleinen und haben uns recht, recht, doll lieb, denn genügt es auch. So, ich schreibe es Dir, damit Du Dich darauf einstellen kannst und keine zu große Enttäuschung erlebst. Denn, das ist doch nicht gut zu Weihnachten. Ich werde mir Mühe geben, was mir nicht schwerfällt, um Dir den Heiligenabend so angenehm wie nur irgend möglich zu machen. Das Beste ist wohl, wenn Ewald mich mit dem Fahrrad abholt. Der Zug ist um vier Uhr in Schwarzenbek. Wenn Du zu Schult gehst, bring bitte vier bis fünf Flaschen Bier mit und sage ihm, er dürfte mich nicht vergessen, ich käme bei ihm vorbei und hätte es fertig. Weiter brauchst du ihm nichts zu sagen. Du brauchst nun aber nicht gleich Angst zu haben, dass ich mich da lange aufhalte. Ich komme sofort nach Hause, er hat mir nämlich eine Flasche Weinbrand versprochen. Allerdings für Gegenleistung, die ich auch fertig habe, aber Du darfst das nicht erzählen. Heute haben wir Geld gekriegt, 10 Mark. Ich hoffe das ich Montag die Hose für Ewald kriege und dann noch die Fahrkarte, dann ist es wieder aus im Dom. Also zerrinnt das Geld hier genau so wie bei Dir. So mein Liebling, das wär alles für heute. Hoffentlich hat dieser Brief Dich nicht zu sehr enttäuscht. Aber ändern kann ich es auch nicht, wenn Deine Liebe groß genug ist, kann es keine Enttäuschung geben. Die besten Grüße und tausend Küsse, mündlich kriegst Du zweitausend Küsse. Dein Franz! Jetzt wird geschlafen und von Dir geträumt. (Feldpostbrief vom 20.12.41 aus Wismar)

Schwesterchen Gerda: Mutter wurde schwanger, und wir bekamen ein Schwesterchen, Gerda mit Namen. Nur leider war es Gerda nicht vergönnt, auf dieser schönen Erde zu bleiben. Der Keuchhusten grassierte in Kollow. Auch ich hatte mich angesteckt. Kurze Zeit später bekam auch Gerda Keuchhusten. Sie hatte keine Chance, der Husten war zu viel für ihren kleinen Körper. Mitten in einer Bombennacht auf Hamburg, wir saßen in unserem feuchten kaltem Erdreichbunker, da verabschiedete sie sich für immer von uns.

Männer kamen im schwarzen Anzug und trugen den kleinen Sarg zur Straße. Vorsichtig schoben sie den Sarg in einen schwarzen verschnörkelten, kutschenähnlichen Leichenwagen, an dessen hohem Gestell schwarze Vorhänge hingen, die mit einer schweren Kordel zusammengehalten wurden. Ein Mann setzte sich vorn auf den Kutschbock, nahm die Zügel in die Hand und trieb die beiden Pferde zu einer langsamen Gangart an. Die Trauergesellschaft folgte der Kutsche. Ich hatte mich in der Diele hinter dem Tor halbwegs versteckt. Mein Herz krampfte sich zusammen. So richtig verstand ich nicht, was da ablief. Der Leichenwagen und die Trauergesellschaft wirkten sehr düster auf mich.

Noch fühlten sich die Kollower, dreißig Kilometer östlich von Hamburg gelegen, ziemlich sicher. Doch als in den nächsten Jahren, die Bombenangriffe auch auf andere Stadtteile Hamburgs ausgedehnt wurden, buddelte Vater gemeinsam mit Ewald hinten in unserem Garten zwischen den Büschen der roten und schwarzen Johannisbeeren eine tiefe längliche Kuhle. Danach zimmerten sie zwei Holzbänke. Mit Stroh bedeckten sie den Boden der Kuhle, damit sie nicht so fußkalt war, stellten die Holzbänke an die Längsseiten der Erdwände, und fertig war unser Bunker. Wenn es dann nachts mit den Bombenangriffen auf Hamburg losging, krabbelten wir mit Decken ausgerüstet ins feuchte Erdreich.

Verlaufen in Wismar: Mama wollte Papa in Wismar besuchen, ich durfte mit. Während Papa am Tage in der Wehrmachts-Schusterwerkstatt die Soldatenstiefel reparierte, ging Mama mit mir in Wismar spazieren. Plötzlich blieb sie mitten auf einem Bürgersteig stehen, beugte sich zu mir runter und sagte:
„Moni, du musst jetzt für einen Moment ganz brav hier stehen bleiben. Ich gehe nur mal schnell da drüben ins Haus, eine Tante besuchen. Leider kann ich dich da nicht mitnehmen."
„Ich will aber mit!"
„Ich verspreche dir, es geht ganz schnell. Ruck, zuck bin ich wieder da! Du bleibst solange hier stehen, hörst du? Nicht weglaufen! Dort in den Eingang gehe ich rein."
Sie zeigte mit dem Finger auf einen der Hauseingänge, die sich in dem Wohnblock entlang der Straße befanden.
„Mama, ich will aber nicht allein hier stehen bleiben!"

16

„Kind, es geht wirklich nicht, ich habe etwas Wichtiges mit einer Frau zu besprechen, die mag keine Kinder, bitte sei ganz lieb. Hast du mich verstanden? Und, du darfst mit niemanden mitgehen, versprichst du mir das?"
„Ja", sagte ich unsicher. Aber nur, weil meine Mutter sagte, dass die Frau keine Kinder mochte.
Sie verschwand und ließ mich doch tatsächlich allein in einer fremden Stadt auf der Straße stehen.

Es dauerte und dauerte, es kam mir wie eine Ewigkeit vor. Mama kam und kam nicht. Kurzentschlossen machte ich mich auf den Weg, um sie zu suchen. Ein Eingang sah aus wie der andere. Krampfhaft überlegte ich, in welchen Eingang sie wohl 'reingegangen ist? Verzweifelt wartete ich vor irgendeinem Hauseingang. Aber sie kam nicht. Ich ging zum nächsten, sie kam immer noch nicht. Langsamen Schrittes ging ich weiter und weiter, bis ich mich im Häusermeer von Wismar verlor. Irgendwann kamen keine Häuser mehr, ich hatte mich verlaufen. Endlos zog sich eine hohe Hecke an der Straße entlang. An einer Stelle konnte ich hindurchschauen. Es war ein Friedhof. Weit und breit war kein Mensch zu sehen. Angst kroch in mir hoch. Tränen liefen mir übers Gesicht. Da tauchte plötzlich eine Frau mit einem kleinen Mädchen auf. Verdutzt blieb sie stehen:
„Was machst du denn hier allein auf weiter Flur, warum weinst du?"
„Ich suche meine Mutter!", sagte ich schluchzend
„Wo soll sie denn sein?"
„Weiß ich nicht, sie ist in ein Haus gegangen."
Ich erzählte ihr, was Mama mir, bevor sie gegangen ist, gesagt hat. Unschlüssig wartete sie noch eine Weile, wahrscheinlich überlegte sie, was sie mit mir machen sollte. Dann fragte sie mich:
„Wie heißt du denn?"
„Moni."
„Und weiter, wie heißt du mit Familiennamen?"
„Meyer!"
„Weißt du was, Moni, wir gehen jetzt zur Polizei, die suchen dann deine Mutter."
Annegret, ihre Tochter, fasste ihre Mutter links und mich rechts an der Hand. Gemeinsam zogen wir los. Auf der Wache überraschte Annegrets Mutter die Polizei mit folgendem Vorschlag:

„Herr Wachmeister, was halten sie davon, wenn ich Moni in der Zwischenzeit mit zu mir nach Hause nehme. Wenn ihre Mutter dann hier auftaucht, kann sie das Kind bei mir abholen."
Der Polizeihauptmeister nickte bejahend.
Annegret und ich tanzten vor Freude.
So eine schöne Wohnung hatte ich noch nie gesehen. Dicke bunte Teppiche lagen auf dem blank gewienerten Holzfußboden. Ich wagte gar nicht aufzutreten. Annegret, war genauso alt wie ich, vier Jahre. „Komm", sagte sie nur und nahm mich wieder an die Hand. Über einen langen Flur führte sie mich in ihr Kinderzimmer: ein eigenes Zimmer, für sie ganz alleine, voller bunter Spielsachen! Es verschlug mir die Sprache. „Moni, was wollen wir spielen?", unterbrach sie meine überschäumenden Gedanken. Sie schien sich genau so zu freuen wie ich. Sie war ein Einzelkind. In einer Ecke entdeckte ich einen Spielzeugladen. Ein wenig schüchtern sagte ich: „Vielleicht Kaufmannsladen?"
„Gut, aber warte, ich will meine Mama noch was fragen." Sie verschwand im langen endlosen Flur. Laut hörte ich sie fragen: „Mama, darf Moni heute Nacht bei mir schlafen, wenn ihre Mutter heute nicht kommt?" „Ja, natürlich!", antwortete sie.
Ich wünschte mir, meine Mutter würde nicht auftauchen: heute nicht, und die nächsten Tage auch noch nicht.
Annegret reichte mir gerade ein Paket Waschpulver rüber, da klingelte es. Schade, Mutter stand vor der Tür.
Ich musste mit, ob ich wollte oder nicht.
„Moni, was meint du, was Papa sagt, wenn er dich heute Abend nicht sieht? Morgen fahren wir doch wieder nach Hause!"
Wahrscheinlich hätte sie dann Vater beichten müssen, warum sie mich allein auf der Straße gelassen hatte.
Ein Himmel voll riesengroßer Ballons schwebte über Wismar, als wir am nächsten Tag auf dem Weg zum Bahnhof waren. Mal wieder erstaunt blieb ich stehen. Doch Mama hatte es auf einmal furchtbar eilig, sie nahm meine Hand und zerrte mich hinter sich her, um schnell zum Bahnhof zu kommen.
„Komm, bloß raus aus Wismar!", murmelte sie vor sich hin.
(Unter der "Operation Outward" hatten die Briten zwischen 1942 bis 1945 tausende Ballonbomben von der Britischen Ostküste auf den Weg nach Deutschland geschickt. Sie sollten die Aktivitäten der Deutschen Luftwaffe behindern. Quelle: Wikipedia, Ballonbombe)

Feuerhölle Hamburg: Bereits im Mai 1940 warfen Kampfflugzeuge der Royal Air Force 400 Brand- und 80 Sprengbomben über Hamburgs Süden ab. Häuser gingen in Flammen auf. 34 Menschen starben, 72 wurden verletzt. Das war erst der Anfang. „Hamburg wird zur Frontstadt", schreibt Hans Brunswig, in seinem Standardwerk „Feuersturm über Hamburg".

Lautes Gepolter im Treppenhaus ließ die Bewohner des letzten Hauses in der Süderstraße in Hamburg jedes Mal hochschrecken. Es waren Soldaten, die sogenannten Späher, die dieses markerschütternde Geräusch von sich gaben, wenn sie die Stufen des Treppenhauses zum Dach hinaufstiefelten. Genauer gesagt: ihre Soldatenstiefel, deren Sohlen mit Nägeln bestückt waren, verursachten dieses angsteinflößende Geräusch. Oben auf dem Dach war die Spähstation aufgebaut. Sie stand im Funkkontakt mit der Flak-Abwehr am Aschberg und der Vierlinksflak, die oben auf dem Dach des fünften Stockwerks eines Miethauses in der Eiffestraße stationiert war. In diesem Haus befand sich eine Bäckerei. Beide Flak-Stationen waren nur ein paar Meter von der Spähstation entfernt.

Auf der anderen Seite war es ja auch ein Vorteil für die Familien in diesem Hauseingang, die Späher hier zu haben.

Meistens warnten sie die Hausbewohner schon, bevor die Sirenen heulten mit den Worten:

„Seht zu, dass ihr in den Luftschutzkeller kommt!" oder:

„Diesmal wird es für euch nicht so schlimm, die Bomber fliegen eine andere Route!"

Mit der Zeit wurden die Bombenanschläge nicht nur heftiger, sondern kamen auch in immer kürzeren Abständen. Einmal riss eine Bombe im gegenüberliegenden Haus die gesamte hintere Hauswand fort. Verdutzt schauten die Bewohner auf den Kanal, der unten entlangfloss. Passiert war ihnen gottlob nichts.

Als mehrere Bomben, die tiefe Krater hinterließen, zwischen den Häusern direkt vor ihren Augen einschlugen, entschied Gertrud Marbs, ihre beiden kleineren Kinder, die dreijährige Elfriede und den neunjährigen Arnold, zu ihren Schwiegereltern auf deren Bauernhof nach Wangelau zu bringen. Es war abzusehen, wann die nächsten Bomben ihr Haus treffen würden. Sie selbst musste noch hier in der Süderstraße bis zum Schluss ausharren, denn seit ihr Mann Otto an der Front war, hatte sie als Hausmeisterin die alleinige Verantwortung für sechs Häuserblocks.

Ihr siebzehnjähriger Sohn Otto Junior, liebevoll Otti genannt, wollte seine Lehrstelle nicht aufgeben, außerdem wollte er unbedingt bei seiner Mutter bleiben, um sie zu unterstützen.

Gerade noch rechtzeitig hatte sie ihre beiden Kinder in Sicherheit gebracht! Kurze Zeit später war in Hamburg die Hölle los. Ende Juli bis Anfang August 1943 startete die Royal Air Force gemeinsam mit den US-Amerikanern, die mit hunderten von Bombeneinsätzen die Stadt bombardierten, die „Operation Gomorrha". Die US-Amerikaner peilten am Tage die Hafenanlagen im Hamburger Hafen an, denn dort befand sich eine der größten Waffenschmieden Deutschlands. Die Briten flogen nachts über die dichtbesiedelten Stadtgebiete. Zunächst nahmen sie sich die Innenstadt vor, um zwei Nächte später gezielt aus einer Mischung von Luftminen, Spreng-, Phosphor- und Stabbrandbomben im dichtbesiedelten Wohnviertel der Arbeiter im Osten Hamburgs ein alles zerstörendes Inferno in Gang zu setzen.

In nur einer einzigen Nacht flogen mehr als 700 Bombenflugzeuge der Royal Air Force über Hamburg hinweg. Tausende Bomben heulten und prasselten auf die Häuser nieder. Luftminen und Sprengbomben sollten nicht nur die Dächer wegsprengen, sondern auch die Fensterscheiben der Gebäude zerbersten lassen.

Danach hatten die abgeworfenen Phosphor- und Stabbrandbomben ein leichtes Spiel, die überwiegend aus Holz bestehenden Treppenhäuser in Brand zu setzen. Nicht nur einzelne Wohnhäuser und Wohnblocks, nein, ganze Stadtviertel gingen in Flammen auf. Aus den unzähligen verschiedenen Brandherden entwickelte sich plötzlich durch den Sauerstoffsog eine einzige Feuerbrunst über eine geballte Fläche von zehn km². Wie in einem einzigen riesigen Kamin wurde die Luft mit der Stärke eines Orkans angesogen und in eine 7000 Meter hohe Rauchsäule gepresst. Begünstigt wurde diese alles vernichtende Feuerbrunst durch eine wochenlange Hitzewelle und Trockenheit: Selbst nachts kühlte es sich nicht ab. In dieser Nacht wurde der Begriff „Feuersturm" geprägt.

Ganze Stadtteile wurden in nur fünf Bombennächten in Schutt und Asche gelegt. Es war bis dahin die größte Brandkatastrophe, die eine deutsche Stadt je getroffen hatte. Eine derartige Katastrophe, mit einem so verheerenden Ausmaß hatten selbst die Planer des „Bombercommand" nicht für möglich gehalten.

Es waren die bis dahin schwersten Luftangriffe der Geschichte. Die Alliierten nannten diese Technik später Hamburgisierung. Danach wendeten sie diese Technik auch auf andere deutsche Städte an.

In letzter Minute: Mit angsterfüllten Augen schaute der kleine neunjährige Arnold vom Bauernhof seiner Großeltern aus in den Himmel. In nordwestlicher Richtung, dort wo Hamburg lag, zog sich ein blutrotes Band über den gesamten Horizont, begleitet vom schrecklichen Donnern der Explosionen. Arnold zitterte um das Leben seiner Mutter und seines älteren Bruders, Otti.

Millionen von Stanniolpapierstreifen, genannt Düppel, wurden von den Briten bei ihrer Operation Gomorra aus ihren Flugzeugen abgeworfen. Auf den Radarschirmen sahen sie wie ein Blitzgewitter aus. So wurde die Flak außer Kraft gesetzt. Es war für sie unmöglich die Bomber zu erkennen.

Noch etwas Merkwürdiges rieselte vom Himmel auf die umliegenden Felder: Papiere und Reichsmarkscheine, die vom Feuersturm in die Höhe gerissen worden waren.

In letzter Minute schafften es Mutter Marbs und Otti, dem brennenden Inferno zu entkommen. Nicht nur sich selbst rettete Otti, sondern er barg auch noch einen alten Mann, der dort im Rauch zusammengebrochen war, aus dessen brennender Wohnung im vierten Stock,. Danach geriet Otti total in Panik geraten und rannte noch einmal in die eigene Wohnung und holte unter höchster Lebensgefahr eine Jacke, ein Paar Stiefel und Kartoffeln. Vom Hinterhof holte er sein Fahrrad, dessen Bereifung bereits abgebrannt war, und sie machten sich auf dem Weg zur Hammer Landstraße, wo ein LKW sie gemeinsam mit anderen zu einer Auffangstation nach Vierlanden brachte. Glücklich, der Hölle von Hamburg entronnen zu sein, schloss Frau Marbs einige Tage später ihre beiden Kinder, Arnold und Elfriede, auf dem Hof ihrer Großeltern in die Arme.

Nur, hier waren sie nicht willkommen. Die Großeltern lebten zwar noch auf dem Hof, aber zu bestimmen hatten sie nichts mehr. Heinrich, Arnolds Onkel, bewirtschaftete inzwischen mit seiner Frau den Hof, den er bereits 1930 als ältester Sohn geerbt hatte.

Und diese beiden, Tante und Onkel von Arnold, wollten auf gar keinen Fall, dass sie dort blieben. Der Grund: Sie hatten Angst, dass Arnolds Vater, der an der Ostfront kämpfte, jederzeit fallen könnte. Das hieße, sie würden dann ihre Schwägerin und ihre drei Kinder nicht mehr loswerden.

Arnolds neue Heimat: Kurzentschlossen suchte sich Arnolds Mutter selbst eine Wohnung für ihre Familie. In Kollow wurde sie fündig. Beim Bauern Otto Schmidt durfte sie sich im Altenteil eine Wohnung einrichten.

Nicht Arnolds Vater fiel im Krieg, so wie Onkel Heinrich und seine Frau es befürchtet hatten, sondern Heinrich selbst kam vom Krieg nicht zurück.

Noch im Jahre 1944 wurde Heinrich zum Wehrdienst abkommandiert. Nach dem Kriegsende kam er in russische Gefangenschaft und starb dort, während Mutter Marbs` Mann zwar wohlbehalten – jedoch völlig ausgezehrt – nach dem Krieg zurückkam.

Die Kollower Jungs waren platt, als der Hamburger Buddje, Arnold Marbs, auftauchte und wie selbstverständlich mit ihnen ihr Plattdeutsch sprach. Das hatte er bei seinen Großeltern in Wangelau gelernt. Denn seit seiner frühesten Kindheit, hatte er sie ständig besucht. Sofort wurde er von den Jungs in ihre Mitte aufgenommen.

Andächtig lauschten seine neuen Freunde seinen Erzählungen aus der Weltstadt Hamburg. Ob er ihnen von den Straßenbahnen, die auf Hamburger Straßen fuhren, von den öffentlichen Schwimmhallen, in denen er im Winter zum Schwimmen ging, erzählte, sie wurden nicht müde, seinen vielen Geschichten zu lauschen. Die meisten Kollower Jungs waren noch niemals in Hamburg gewesen; einige waren nicht einmal mit dem Zug gefahren. Alles klang so geheimnisvoll, was Arnold ihnen erzählte. Bedingt durch seinen größeren Bruder Otti, hatte er seit frühester Kindheit schon viel erlebt.

Mein erster Schultag:
Ich war anders, ganz anders als die meisten Erst-klässler, die mit mir im August 1944 eingeschult wurden. Schon bevor ich in die Schule ging, wunderte ich mich, wieso sich die anderen Kinder auf ihren ersten Schultag freuten. Sie konnten es kaum abwarten, bis es endlich losging. Ich nicht! Ich war ja auch noch nicht mal sechs Jahre alt. Vom Vater bekam ich einen neuen  Schulranzen, den er selbst angefertigt hatte und mir am ersten Schultag auf den Rücken schnallte, um zu sehen, ob die Riemen passten. Sie passten nicht! Er nahm die Lochschere und knipste zwei weitere Löcher hinein. Mutter hatte mir eine Schiefertafel, einen Griffelkasten aus Holz nebst zwei Griffeln sowie eine kleine Dose mit einem Schwamm gekauft. Ein Lappen zum Trocknen der Tafel hing an einer Kordel, die an der Tafel befestigt war und aus dem Ranzen baumelte. Das war mein zukünftiges Arbeitszeug.

Mitten im Dorf, umgeben von Bauernhäusern, dem Buckpolteich sowie dem Kolonialwarenladen Hümpel, lag unsere Dorfschule mit nur einem einzigen Unterrichtsraum. Ab sofort musste ich gemeinsam mit acht Schulklassen schön artig in einem Raum sitzen, still sein, und das tun, was der Lehrer sagte, was mir sehr schwer fiel. Viel habe ich nicht kapiert von dem, was der Lehrer von uns wollte. Es ging ja alles so schnell. Nachfragen durfte ich nicht, denn er war ja längst mit den Kindern der anderen Klassen beschäftigt. Meine neue Schulfreundin, die neben mir saß, durfte ich auch nicht fragen, das war Schwatzen, und schwatzen durften wir auch nicht. Trotzdem habe ich es getan.

Mit der Konzentration hatte ich auch Schwierigkeiten. Wie sollte ich mich auch auf meine Aufgaben konzentrieren, denn was der Lehrer Hermann Becker mit den anderen Klassen durchnahm, war ja auch interessant. Wenn ich dann nach Hause kam, und Mutter sollte mir bei den Hausaufgaben helfen, hatte sie keine Zeit. Sie schaute nur mal kurz drauf, erklärte es mir, und weg war sie schon wieder. Meine Brüder waren auch ständig unterwegs. So quälte ich mich durch die ersten Schuljahre mit dem Erfolg, dass ich sitzen blieb. Als ich im Dezember endlich sechs Jahre alt wurde, gab es kein Heizmaterial. Dauernd fiel deswegen die Schule aus. Der nächste Winter 45/46 war noch kälter. Da gab es wegen Feuerungsmangel dann Kohleferien. Kein Wunder, dass ich mit der Schule nicht vorankam.

Wollte Lehrer Becker in seiner Wohnung nicht erfrieren, musste er sich etwas einfallen lassen und durchsuchte das Haus nach brennbarem Heizmaterial. Auf der großen Diele wurde er fündig. Kurzerhand nahm er die Säge in die Hand und sägte alles, was nicht niet- und nagelfest war, zu Feuerholz. Balken und Latten sowie die Bretter, die quer über dem früheren Viehstall als Dachbegrenzung lagen, sägte er tagelang kurz und klein. Frieda Ring, die von 1944 bis 1948 bei Herrmann Becker wohnte, wunderte sich über diese ständig wiederkehrenden Sägegeräusche im Haus. Sie war neugierig und hakte nach. Daraufhin zeigte Lehrer Becker ihr sein Werk.

Otti – zum Sterben verurteilt: Schon als sechzehnjähriger Bub musste Otti seine Lehre als Bau- und Maschinenschlosser für zehn Tage unterbrechen, um unter hartem Drill in einer Kaserne eine vormilitärische Ausbildung abzuleisten. Zurück in seiner Lehrstelle, versuchte er mit kreativen Schmiedearbeiten die erlebte Schinderei in der Kaserne zu vergessen. Stolz brachte er seiner Mutter nach der Ausbombung eine selbstgeschmiedete Bratpfanne, eine Kuchenform, einen Brikettkasten sowie einen kunstvoll gefertigten Feuerhaken mit nach Kollow. Mit siebzehn Jahren musste Otti – noch vor Beendigung seiner Lehrzeit – eine Not-Gesellenprüfung ablegen, um gleich danach seinen Arbeitsdienst in der Tschechoslowakei in der Nähe von Prag abzuleisten.

Ende Januar 1944 durfte Otti gemeinsam mit anderen blutjungen Männern, wenn man sie überhaupt schon als Männer bezeichnen konnte, für angeblich drei Wochen auf Heimaturlaub nach Hause.

Mit einem Wirrwarr von fröhlichen Stimmen brachten sie Leben in ihr Zugabteil. Plötzlich verlangsamte der Zug seine Geschwindigkeit, bis er schließlich nur noch Schritttempo fuhr. Auf der Höhe einer Brücke gingen plötzlich – wie aus dem Nichts – große Scheinwerfer an. Mit ihrem grellen Licht bestrahlten sie sieben erhängte Soldaten, an deren Körper Schilder angebracht waren. Völlig verstört lasen die jungen Männer, warum diese Menschen sterben mussten. Danach verbreitete sich eine bedrückende Stille im Abteil. Diese Einschüchterung der SS hatte ihr Ziel erreicht. Die jungen Menschen waren verstummt – ein jeder hing seinen Gedanken nach. Als Otti endlich Kollower Boden unter seinen Füßen spürte, kam die Entspannung zurück, freudestrahlend begrüßte er seine Familie. In vollen Zügen wollte er seine drei Wochen Ferien genießen. Fröhlichen Schrittes gingen am dritten Tag zwei Jungs nach Schwarzenbek und alberten herum, wie es eben junge Menschen zu tun pflegen. Auf halbem Wege kam ihnen ein Fahrradbote entgegen.

Er hielt an und überreichte Otti einen Brief von der Wehrmacht. Mit zittrigen Händen öffnete Otti ihn. Es war der sofortige Einberufungsbefehl, und zwar zu den Pionieren. Von einer zur anderen Sekunde wurde er kreidebleich und sagte mit einer tieftraurigen Stimme zu Arnold: „Das wird mein Ende sein!"

Wie wild rannte er durch den Knick auf die Koppel. Die Nachricht war ihm sofort auf den Darm geschlagen.

Sechs Monate dauerte die Ausbildung in Harburg und Neumünster unter großen körperlichen und seelischen Belastungen. Tag für Tag spürte Otti die Angst im Nacken, bald an die Front zu müssen. Obwohl er wusste, dass es fatale Folgen für ihn haben könnte, falls sein Brief zensiert würde, schrieb er völlig verzweifelt an seine Mutter: „Hoffentlich kommt die Invasion vom Westen schneller voran, damit der Mist vorbei ist, bevor wir an die Ostfront müssen."

Leider war der Mist noch lange nicht vorbei. Wenig später wurden sie an die Ostfront geschickt. Nur um den Feind durch Truppenbewegungen eine große Truppenstärke vorzutäuschen, wurden sie ständig hin und her geschoben.

Am Weichselbogen zwischen Warschau und Krakau musste er dann zum direkten Kampfeinsatz. Bereits acht Tage später, am 20. August 1944, wurde er schwer verwundet und nach Erfurt ins Lazarett gebracht. Dort erzählte er seiner Mutter, die ihn mit einer Sondergenehmigung besuchen durfte:

„Wir wurden von den Russen eingekreist und angegriffen. In einer einzigen Nacht haben von tausend jungen Soldaten nur fünfzig Mann überlebt. Und hätten wir nicht einen schon etwas älteren Vorgesetzten gehabt, hätte es uns noch früher erwischt. Einen ganzen Tag und eine ganze Nacht saßen wir in einem Loch mit etwas Gerümpel als Schutz überm Kopf. Um uns herum die Russen, die nur soffen und grölten. In der Nacht krochen wir zwischen den Kartoffelreihen und unzähligen Leichen zu unserer 800 Meter entfernten Frontlinie. Dort war unsere Sammelstelle zum Essen und zum Luftschnappen, um neue Kräfte zu sammeln. Dummerweise nahm ich meinen Helm ab. Fast geräuschlos näherte sich uns ein gummibereifter Spähpanzer der Russen und schoss auf uns. Einige Soldaten wurden tödlich getroffen. Wie du siehst, haben die mich an den Schultern, den Armen und am Kopf schwer verwundet. Glaub mir, Mama", führte Otti mit schwacher und schmerzgequälter Stimme fort; „diese Nacht war viel grausamer als die Bombennächte in Hamburg."

Während eines Fliegeralarms musste Frau Marbs sich schweren Herzens von ihrem Sohn verabschieden, denn ihre Bahnfahrtgenehmigung galt nur für einen bestimmten Zug. Zwei Männer versuchten Otti vorsichtig auf eine Trage zu legen, um ihn in den Luftschutzkeller zu bringen.

Schon die kleinste Erschütterung bereitete Otti fürchterliche Schmerzen. Wahnsinnig geworden vor Schmerzen schrie er: „Lasst mich im Bett bleiben, lieber will ich von einer Bombe getroffen werden, als diese Schmerzen noch länger ertragen zu müssen."

Diese letzten Worte ihres Sohnes zerrissen Frau Marbs fast das Herz. Unentwegt liefen ihr die Tränen übers Gesicht, als sie zum Bahnhof ging.

Noch einmal erhielt sie eine Besuchergenehmigung. Jedoch, bevor sie wieder in den Zug stieg, bekam sie die schreckliche Nachricht vom Tod ihres Sohnes am 22. September 1944. Insgeheim hatte sie bis zum Schluss gehofft, er würde es schaffen. Vier Tage lang war sie derart verwirrt, das Arnold und seine kleine Schwester Angst um ihren Geisteszustand hatten.

Zum Glück konnte Frau Marbs ein Jahr später, im Herbst 1945, ihren Mann – zwar halb verhungert – aber ansonsten unversehrt in die Arme schließen.

Überraschungsangriffe: Auch in Kollow rückte der Krieg von Tag zu Tag näher.

Fliegeralarm! Die Schüler schauten zu Lehrer Becker. Für gewöhnlich gab er den Befehl, sofort die Klasse zu verlassen. Doch diesmal unterrichtete er seelenruhig weiter. Wahrscheinlich wollte er den Stoff, den er angefangen hatte, noch zu Ende bringen. Wenig später flammten Granatexplosionen am Himmel auf.

„Hasenthal schießt", schrien die Kinder und stürmten nach draußen.

Unentwegt schossen die Flak-Kanonen, die zwischen Kollow und Geesthacht stationiert waren, in den Himmel, um den Feind abzuschießen, der die Pulver- und Munitionsfabriken in Geesthacht beschoss.

Zwei Schülerinnen hatten noch einen langen Schulweg vor sich. Sie wohnten auf halber Strecke zwischen Kollow und Schwarzenbek. Kurz nach dem sie Kollow hinter sich gelassen hatten, verfolgte ein Tiefflieger die beiden. Und der eröffnete doch tatsächlich sein Feuer auf diese beiden wehrlosen Mädchen. Voller Panik sprangen die Mädels in den Schutzgraben. Getroffen wurden sie gottlob nicht! Nicht körperlich. Doch der Schock hat das eine Mädchen voll ins Herz getroffen. Sehr lange brauchte sie, um sich davon wieder zu erholen.

Auf nach Schweden: Um den Angriffen, die neuerdings auch Kollow bedrohten, zu entkommen, dachten sich mein Bruder Ewald und Walter Angerstein einen ganz besonderen Plan aus. Sie wollten nach Schweden auswandern. Bis ins Detail hatten die beiden ihre Flucht geplant. Morgens – ganz früh – sollte es losgehen. In Schwarzenbek wollten sie sich am Bahnhof treffen. Von hier aus wollten sie zunächst mit dem Zug nach Wismar fahren. Im Hafen von Wismar wollten sie sich auf ein Fährschiff schleichen, um als „Blinde Passagiere" nach Schweden mitgenommen zu werden.

Walter war als erster am Treffpunkt. Er wartete und wartete. Vergebens, Ewald kam nicht. Den ersten Zug ließ er fahren.

Ewald kam noch immer nicht. Während er weiterhin wartete, überlegte er krampfhaft, was er jetzt ohne Ewald machen sollte. Allein nach Schweden traute er sich nicht. Er kam zum Ergebnis, erstmal seine Tante in Hamburg zu besuchen und stieg in den nächsten Zug ein, der nach Hamburg fuhr.

In Kollow lag währenddessen Ewald Meyer in seinem warmen Bett und schlief tief und fest – wahrscheinlich war er in seinen Träumen schon auf großer Fahrt.

Nauke machte sich gerade auf den Weg zur Schule, als Mutter ihn bat, nach Ewald zu schauen, weil er noch nicht unten war.

„Mensch, Ewald, wach endlich auf, die Schule beginnt gleich!", rüttelte Nauke ihn wach und ging. Völlig entgeistert, schaute Ewald seinem Bruder nach.

„Mist!", dachte er, als ihm endlich klar wurde, wo er hätte sein müssen. „Jetzt habe ich alles vermasselt."

Als Mutter Angerstein ihren Sohn zur gewohnten Zeit wecken wollte, stutzte sie, das Bett war leer und bereits kalt. Hilfesuchend lief sie zum Lehrer Becker rüber.

Ihr Bauernhaus lag ja gegenüber der Schule. Lehrer Becker trommelte seine Schüler zusammen.

Kurz bevor sie losmarschierten, um in der Feldmark nach Walter zu suchen, tauchte Ewald auf. Er schloss sich ihnen an und tat so, als suche er mit. Auch einige andere Schüler waren in den Plan eingeweiht, auch sie hielten dicht, kein Wort kam über ihre Lippen.

In Hamburg freute sich die Tante über Walters Überraschungsbesuch. Am Nachmittag erlebte sie die zweite Überraschung. Walters Vater, der in Hamburg Soldat war, kam zufällig auf Besuch vorbei. Flugs brachte er seinen Sohn zurück nach Kollow. Der Traum von Schweden war nun endgültig geplatzt.

Guck in die Luft: Trotz Krieg, das Leben ging weiter! Bei manchen Jungs auch ohne Angst! Sie streiften ständig in der Landschaft umher. Ziellos, nur so, stets auf der Lauer nach einem Abenteuer. Gerade hatten sie Kollow hinter sich gelassen, da tauchte ein Transporter Marke ‚Opel Blitz' auf. Er befand sich in Höhe des kleinen Wäldchens, das ‚Wagners Park' hieß. Zwei Mann saßen im Fahrerhaus, ein anderer stand rechts neben dem Kotflügel auf dem Trittbrett. Die Jungs wussten genau, warum er dort stand. Beste Gelegenheit, mal wieder etwas Spaß zu haben.

„Kommt", gab Hans Wilhelm den Ton an, „wir spielen unsere ‚Guck- in- die Luft- Nummer'!"

Vier Augenpaare schauten himmelwärts. Hans-Wilhelm riss seine Hand hoch und zeigte auf einen bestimmten Punkt am Himmelszelt. Alle Augen folgten neugierig seinem Finger.

Danach sprangen sie sofort in den Straßengraben und duckten sich. Der Mann auf dem Trittbrett kapierte. Mit geballter Faust schlug er aufs Autodach. In Sekundenschnelle fuhr der Fahrer den Transporter rechts ran. Ein wenig zu hektisch, fast wären sie im Straßengraben gelandet. Der Trittbrettfahrer sprang als erster runter und schmiss sich, genau wie die Jungs, nur fünfzig Meter entfernt von ihnen in den Graben. Die beiden anderen stürzten hinterher.

„Kommt, schnell abhauen!", befahl Hans-Wilhelm.

Grölend und jauchzend vor Schadenfreude, liefen die vier: Hans-Wilhelm Jens, Ewald Meyer, Arnold Marbs und Horst Thiede über die Felder davon.

Am Himmel hatte sich nichts bewegt, kein Bomber war in Sicht, rein gar nichts.

Wütend und den Jungs hinterherfluchend musste die Besatzung des Transporters nun auch noch zusehen, wie sie das schiefstehende Fahrzeug wieder auf die Straße bekamen.

Die Flüchtlinge kommen: Angekommen! Endlich hatten die ersten Flüchtlinge ihr Ziel nach einer langen beschwerlichen Flucht aus ihrer schönen Heimat erreicht. Das war nicht selbstverständlich, denn so mancher Familienangehörige blieb unterwegs auf der Strecke.

Ergriffen und neugierig zugleich standen die Kollower am 9. Februar 1945 am Straßenrand und sahen den ersten Flüchtlingstreck in Kollow eintreffen. Das bisschen, was sie noch ihr Eigen nannten, trugen sie bei sich. Mit Pferd und Wagen wurden die Flüchtlinge in die umliegenden Dörfer gebracht. Sammelplatz in Kollow war der Betriebshof von Gustav Enkhusen. Ortsgruppenleiter Hitscher wies ihnen ihre Unterkünfte zu: alles, was irgendwie bewohnbar war, meistens bei den Bauern. Nicht nur die Zwangsarbeiter, auch die Kollower Jungs, zu denen Arnold seit gut einem Jahr gehörte, halfen den Flüchtlingen beim Gepäcktragen. Meistens waren es ja Mütter mit Kindern oder ältere Menschen.

Jeder Haushalt war dazu aufgerufen worden, abzugeben, was man irgendwie entbehren konnte, und wenn es auch nur ein alter Kochtopf oder Besteck war.

Mit prüfendem Blick schauten sich die etwas älteren Jungs schon mal die ankommenden Flüchtlingsmädel an. Damit es nicht so auffiel, versteckten sie sich hinter einer Steinmauer.

„Guck mal, die mit der bunten Mütze und den langen Zöpfen, die werde ich mir gabeln", flüsterte Hans Wilhelm seinen Kumpels zu. Ingeborg hieß die Auserwählte, wie er später erfuhr. Wassil, der auf dem Bauernhof bei Paul Burmester arbeitete, holte Ingeborg, ihre Mutter sowie ihre Schwester von Enkhusen ab und brachte sie zu ihrer neuen Bleibe. Freundlich empfing Bauer Burmester seine „Gastfamilie". Bevor er ihnen ihr Mansardenzimmer zeigte, bekamen sie erstmal was zu Essen. Pausenlos redete er plattdeutsch mit seinen neuen Mietern. Er meinte es gut mit ihnen, das merkte Ingeborg sofort, auch wenn sie kein Wort davon verstand, was er sagte.

Wie waren sie froh, nach der langen schrecklichen Flucht aus ihrem schönen Heimatland Pommern endlich wieder ein Dach überm Kopf zu haben.

Mit dem Nötigsten, was ihnen der Bauer zur Verfügung stellte, richteten sie sich mehr schlecht als recht ein, denn sie gehörten zu den Flüchtlingen, die nichts, aber auch gar nichts mehr dabei hatten.

Ingeborg, das zwölfjährige Flüchtlingsmädchen aus der Stadt, war neugierig aufs Landleben. Es fiel ihr nicht schwer, sich in unserem Dorf zu integrieren. Sie war nicht nur neugierig, auch wissbegierig. Schnell lernte sie bei ihrem Bauern das Melken. Auch scheute sie sich nicht vor der Feldarbeit, und Plattdeutsch lernte sie so ganz nebenbei!

Doch die Hölle des Krieges holte auch die Flüchtlinge hier in Kollow schnell wieder ein.

In den letzten drei Monaten vor Kriegsende flogen die feindlichen Tiefflieger immer öfter direkt über Kollow hinweg und ballerten mit ihren Bordwaffen, sobald sich etwas bewegte, drauf los. Ständig musste man in Deckung gehen.

Ingeborg war auf dem Weg zum Plumpsklo, als ein Tiefflieger auftauchte, fluchtartig kroch sie zum Pussi ins Hundehäuschen.

Die Holzmiete wurde getroffen, dass es nur so krachte. Pussi jaulte vor lauter Angst, und Ingeborg schrie.

In Kollow wurde es eng! Sehr eng sogar. Nach und nach kamen immer mehr Flüchtlingsströme nach Kollow. Kollow platzte aus allen Nähten. Jeder einzelne Quadratzentimeter musste ausgenutzt werden. Zum Schluss durften die Bauern nur noch ein Schlafzimmer und ein Wohnzimmer für sich behalten. Auch unser einziger Schulraum wurde vorübergehend zum Flüchtlingslager umfunktioniert.

Man kam auf Ideen! Um weitere Schlafplätze zu schaffen, wurden einige Viehställe gereinigt, um dort zeitweise Flüchtlinge unterzubringen. Man konnte doch die Mütter mit den vielen Kindern nicht auf der Koppel schlafen lassen. Wie gesagt, es war nur vorübergehend. Später wurden viele Flüchtlinge an andere Dörfer weiter verteilt.

Iris und ihre Mutter sowie ihr Bruder kamen mit dem letzten Flüchtlingstreck 1945 in Kollow an. Unser Dorf war bereits rappeldicke voll. Doch jede Flüchtlingsfamilie, die Kollow zugewiesen bekam, musste untergebracht werden, egal wie und wo. Iris' Mutter bekam mit ihren beiden Kindern ein kleines Zimmer bei einem Bauern zugeteilt.

Etwas später kam auch noch die Oma hinzu. Zwei Betten sowie ein Sofa dienten ihnen als Schlafstatt. Weiteres Mobiliar war ein Kleiderregal, ein Tisch, zwei Stühle sowie eine Holzkiste und eine Brennhexe (kleiner Ofen). Somit war das Zimmer voll.

Ein Zimmer, in dem gewohnt und in dem geschlafen wurde. Ein Zimmer, in dem gefeiert wurde, naja, feiern fiel aus, dafür war es ja zu eng. Ein Zimmer, in dem Handarbeiten gemacht wurden und man sich im kalten Winter mitunter Tag und Nacht aufhielt – wenn einer krank war, sowieso.

Drei Generationen wohnten sieben Jahre lang gemeinsam auf 16 qm Wohnfläche – wenn man es überhaupt wohnen nennen konnte. Für diese Unterkunft und ein karges Essen, machten sich Iris' Mutter und ihre Oma auf dem Bauernhof ihrer „Gastgeber" nützlich, wo sie nur konnten. Ob in der Küche, im Stall oder im Garten: Wo ihre Hände gebraucht wurden, waren sie dabei.

Schnell verdoppelte sich die Einwohnerzahl. Dies bekam auch Lehrer Becker zu spüren. Nun musste er die acht Schulklassen in zwei Gruppen aufteilen: von der ersten bis zur vierten die andere von der fünften bis zur achten Klasse.

Er unterrichtete die eine Gruppe vormittags, die andere nachmittags. Das geschah im wöchentlichen Wechsel. Es war Schwerstarbeit für Hermann Becker.

Nachdem er Verstärkung angefordert hatte, kam der Lehrer Maurer aus Schwarzenbek täglich zu Fuß nach Kollow, um die untersten vier Schulklassen zu unterrichten.

Umso erstaunlicher war, dass Iris, die zu Hause nicht einmal einen eigenen Platz für ihre Hausaufgaben zur Verfügung hatte, so gut in der Schule war, dass sie nach der vierten Klasse von der Lehrerin Krapalis, die inzwischen den Lehrer Maurer abgelöst hatte, für eine weiterführende Schule vorgeschlagen wurde.

Kollow – am Rande eines Pulverfasses: Um die Ausgebombten und die vielen Flüchtlinge satt zu bekommen, wurden hinter den Höfen in Richtung Gülzow Feldgärten abgesteckt und an die Bedürftigen verteilt. Arnold und seine Mutter sowie eine Flüchtlingsfrau mit ihren zwei kleinen Kindern waren beim Unkrautjäten, als ein ohrenbetäubender Krach sie aufschreckte.
Sieben Tiefkampfflieger schossen aus allen Rohren. Weit und breit kein Graben, kein Baum, nichts, wo sie sich hätten verstecken können. In ihrer Verzweiflung schmissen sie sich platt auf den Boden. Die Kugeln flogen ihnen um die Ohren und hinterließen tiefe Einschläge auf der Wiese. Danach flogen die Kampfflieger weiter nach Gülzow und beschossen dort die Schule, bis endlich die Vierlingsflak aus Neu-Gülzow zurückschoss. Eine Bombe traf die Schule. Leider sind dabei einige Menschen ums Leben gekommen. Von drei bis fünf Toten war die Rede.
Die Kollower hatten Glück, ihnen war, wie durch ein Wunder, nichts passiert. Aber der Schock saß ihnen noch in den Gliedern, als einige Kollower ihnen entgegengelaufen kamen. Auch sie hatten mit dem Schlimmsten gerechnet.

Kurz vor Ende des Krieges fegten mit ohrenbetäubendem Lärm US-Fliegerverbände über die Köpfe der Kollower hinweg.
Ganz Kollow zitterte. Innerhalb von nur zehn Minuten ging ein Bombenhagel auf die Dynamitfabrik Krümmel und die Pulverfabrik Düneberg in Geesthacht nieder.
Gleich danach flogen sie ihr nächstes Ziel an – Büchen. Dort wollten sie das vermutete unterirdische Luftwaffentanklager am Bahnhof Büchen zerstören.
Einige Jungs beobachteten dieses Manöver. Plötzlich wurden zwischen Heidkaten und Kollow zwei Bomben ausgeklinkt. Entweder hatten die Flieger ihr Ziel verfehlt oder sie wurden abgeworfen, weil sie klemmten. Anders machte es ja keinen Sinn, Bomben mitten aufs Feld zu schmeißen.

Die Jungs hielten den Atem an, als sie die Todesbringer auf sich zujaulen sahen. Die Bomben schlugen mit einer Kraft ins Erdreich, dass sie die Muttererde hunderte von Metern weit schleuderte. Als es kurz darauf wieder ruhig wurde, rannten die Jungs sofort los. Staunend standen sie vor einem der beiden Bombentrichter mit einem Durchmesser von fünf Metern und einer Tiefe von drei Metern. Einer der Jungs fand einen Bombensplitter und meinte: „Darauf werde ich mit Farbe das heutige Datum schreiben und es zu Hause an die Wand hängen."

Baden im Kugelhagel: Leicht erhitzt von der warmen Frühlingssonne sprangen ein paar Dorfjungs voller Übermut ins kühle Nass des Karpfenteichs.

„Puh", rief Arnold den anderen zu, „ ganz schön kalt, hätte ich nicht gedacht!"

Dabei wurden wir von unseren Eltern jeden Frühling aufs Neue gewarnt, nicht baden zu gehen, bevor das Wasser geblüht hat!

Damit meinte meine Mutter die kleinen, linsengroßen, grünen Blättchen, die im Volksmund ‚Entengrütze' heißen.

Sie breitet sich im Frühling wie ein grüner Teppich auf dem Wasser aus, bis die Enten sie wieder weggefressen haben.

Nachdem das Wasser wieder sauber war, durften wir dann baden gehen.

Arnold, der bereits eine kurze Hose trug, war als erster ins Wasser gesprungen, Ewald und Horst hinterher. Überhaupt schien Arnold immer und überall dabei zu sein, wo was los war: ein „Hans Dampf in allen Gassen". Bevor sie losschwammen, hüpften und alberten sie im Wasser herum, um sich ans kalte Wasser zu gewöhnen. Das war ihr Glück. Innerhalb von Sekunden endete der Spaß der Jungs und ein Höllenfeuer begann. Tiefflieger tauchten auf und feuerten wie wild auf die Kinder im Wasser – nur ein paar Tage vor Kriegsende – als wollten sie noch ihre restliche Munition loswerden. Nur hatten sie nicht mit der Pfiffigkeit der Kollower Jungs gerechnet. In Todesangst holten sie Luft und verschwanden im Nu kopfüber im Wasser unter dem dicken Baumstamm, der dort an der Badestelle vom Ufer aus bis weit ins Wasser reichte. Die abgefeuerten Salven schossen ins Wasser, dass es nur so spritzte. Um wieder Luft zu holen, pirschten sie sich an die Uferböschung, holten tief Luft und verschwanden wieder im Wasser.

Sekunden kamen ihnen wie Ewigkeiten vor. Endlich war der Spuk vorbei. Zitternd vor Angst krabbelten sie aus dem Wasser.

Pulverfass Geesthacht: Bin ich froh, von den meisten Kriegswirren verschont geblieben zu sein. Mit Recht! Als kleines Mädchen bekam ich ja auch nicht viel mit von dem, was um mich herum geschah. Auch nicht, dass Kollow in den letzten Kriegstagen buchstäblich neben einem Pulverfass saß und jederzeit in die Luft zu gehen drohte oder auf Jahre hätte katastrophal verseucht werden können, wenn da nicht zwei besonnene Männer gewesen wären.

Aber von Anfang an:
Die beiden Munitionsfabriken in Geesthacht hatten seltsamerweise bei dem Bombenhagel am 7. April nicht wirklich viel abbekommen. Nicht nur Verwaltungsgebäude, auch die Produktionsstätten blieben unversehrt.
Nach diesem Angriff aus der Luft bereitete sich die Wehrmacht seit Mitte April auf einen Bodenangriff vor, denn der Feind kam bedrohlich näher. Überall bezogen Soldaten Stellung. Geesthacht war Frontstadt. Ab dem 26. April wurde die Stadt durch die Artillerie beschossen.
Die Bevölkerung hoffte, die deutsche Wehrmacht würde sich zurückziehen. Doch es galt noch der Befehl Adolf Hitlers, bis zum Ende weiter zu kämpfen, und koste es den letzten Mann noch das Leben!
Bürgermeister Harold Boysen war einer der beiden besonnenen Männer und kämpfte nun um die kampflose Übergabe der Stadt. Diese konnte er nur mit Zustimmung der militärischen Führung erreichen. Sein Hauptargument lautete: Sollte die Stadt Geesthacht angegriffen werden, drohte nicht nur der Stadt, sondern der ganzen Gegend wegen des großen Sprengstoffvorkommens auf dem Fabrikgelände Krümmel und der Pulverfabrik Düneberg eine Katastrophe. Nach bangen Stunden erteilte der Hamburger Gauleiter Karl Kaufmann seine Zustimmung. Ausschlaggebend war wohl die Intervention des Fabrikdirektors Hans Meyer – des zweiten besonnenen Mannes. Er erzählte dem Gauleiter Kaufmann, dass ein Beschuss der Fabrik Düneberg zu einer Verätzung der ganzen Gegend einschließlich Bergedorf führen könnte.

Und Kollow war nur einen Steinwurf von Geesthacht entfernt, näher als Bergedorf. Am 1. Mai verließen die deutschen Truppen schließlich die Stadt. Nur Stunden später kamen dann die ersten britischen Truppen. Die Alliierten behaupteten später, dass Geesthacht die erste deutsche Stadt war, deren Bevölkerung die einmarschierenden Truppen wie Befreier zujubelten (so Boehart). Dies ließ sich später in Gesprächen mit Zeitzeugen nicht bestätigen; daran konnten sie sich nicht erinnern.
Quelle 1: Stadtarchiv Geesthacht, Archivar William Boehart.
Quelle 2: Bergedorfer/Lauenburgische Zeitung vom 28.04.10 und 22.02.12

Egon Elvers aus Geesthacht, löste dieses Rätsel:
„Ich bin am 2. Mai, nachdem wir von den einmarschierenden britischen Truppen gehört haben, mit meinen Freunden als Zehnjähriger über den Gerstenblöcken zur B 5 gelaufen. Wir standen mit Erwachsenen und anderen Kindern betrübt an der Ostseite der B 5 (damals Alte Landstraße/Geesthachter Straße). Auf der anderen Straßenseite befanden sich viele im Lager Grenzstraße untergebrachte Fremd- und Zwangsarbeiter, die den Einmarsch bejubelten, die Engländer umarmten und Blumen auf deren Fahrzeuge warfen." Egon Elvers
Im Lager Grenzstraße waren 1945 über 2000 ausländische Arbeiter untergebracht. Wussten doch die Alliierten nicht, dass die jubelnde Menge Fremd- und Zwangsarbeiter waren. So steckt doch in jeder Geschichte ein Fünkchen Wahrheit.

Die Artillerie greift Kollow an: Aufklärer entdeckten SS-Soldaten, die durch die Dörfer gen Norden marschierten. Also schossen sie wie wild von der anderen Seite der Elbe ihre Granaten ab. Mal mehr, mal weniger krachte, ballerte und pfiff es durch Kollow, dass einem Hören und Sehen verging. Die Todesangst brachte so manchen fast um den Verstand.
Ingeborg erzählte:
„Spät abends am 20. April saßen wir mit der Familie Burmester in einem schmalen Erdbunker am Rande des Hofes. Plötzlich war ein Klirren und Getöse zu hören, der Bunker bebte. Der Kuhstall wurde von einer Granate getroffen und hatte Kühe verletzt. Alle hatten wir Angst!

Hedwig, die Tochter des Hauses, überreichte mir plötzlich eine Torte – eine Geburtstagstorte – die eigentlich für den nächsten Tag, meinen 12. Geburtstag, bestimmt war, mit den Worten: Jetzt essen wir sie gleich zusammen auf, wer weiß, was uns morgen erwartet!"
In der Nacht, als die Engländer Ende April über die Elbe bei Lauenburg und Schnakenbek kamen, spitzte sich der Angriff auf Kollow zu.

Arnold wurde von seiner Mutter mit den Worten geweckt: „Heute schießen sie nicht nur sehr lange, auch viel stärker und lauter als sonst."
Zwischen Marbs' Küche und dem Flur vom Bauern Schmidt war eine Verbindungstür. Laut rief Amanda Schmidt von ihrem Flur herüber:
„Frau Marbs, wir gehen mit der Familie Noppe in den Bunker hinterm Haus!"
„Beeilt euch Kinder", mahnte Mutter Marbs, „los, los wir müssen in den Bunker!" Als sie die Tür öffneten flogen bereits viele glühende Splitter umher. Trotzdem versuchten sie, sich den Weg über den Misthaufen abkürzen. Dreimal nahmen sie einen Anlauf, doch stets mussten sie zurücklaufen, um in Deckung zu gehen. Mehr und mehr Crancateneinschläge waren zu hören. Stimmen von Soldaten, die noch vereinzelt im Dorf waren, riefen nach Sanitätern. In ihrer Verzweiflung hielten die drei – Mutter Marbs, Schwester Elfriede und Arnold – den Kopf unter das Waschbecken an der Wand. Um sie herum ein Krachen und Getöse, Gezische und Geknalle, dass es kaum auszuhalten war.
Was musste die kleine vierjährige Elfriede gefühlt haben, als sie wimmerte:
„Ich will immer artig sein, aber nicht tot. Mama, lass den Krach abstellen."

Als Arnold kurz aus dem Türfenster schaute, schlug eine Granate ins Dach von Ernst Lüth ein, dessen Haus neben der Post stand. Ein gelb-weißer Feuerschein stieg aus dem Dach hervor. Ein Granatsplitter flog in Marbs' Eingangstür und blieb darin stecken. Am Morgen wurden endlich die Angriffe weniger.

Familie Marbs lief schnell zu den anderen in den Bunker. In Kollow selbst war nach diesem Sturmangriff relativ wenig passiert, jedoch die Felder außerhalb von Kollow waren von den unzähligen Granateinschlägen derart aufgewühlt, dass die Bauern wochenlang damit beschäftigt waren, sie wieder in Ordnung zu bringen.

Einige Tage später, als die Engländer in Kollow eintrafen, sagte ein polnischer Soldat in englischer Uniform zu Arnold: "Weil wir bei euch die SS vermuteten, sollte euer Dorf in ein Trümmerdorf verwandelt werden. Ihr hattet unwahrscheinliches Glück, die Kanoniere haben sich in der Richtung geirrt."

So war Kollow glimpflich davongekommen. Am 08.Mai.1945, war dieser Horror von einem Krieg in Europa endgültig vorbei.

Endlich Frieden

In Kollow spielte das pralle Leben. Menschen gab es durch die vielen Flüchtlinge und Ausgebombten im Überfluss. Sobald sich etwas Ungewöhnliches im Dorf ereignete, lief die Kunde wie ein Lauffeuer durchs Dorf. Da brauchten wir kein Fernsehen, das gab es ja auch noch nicht.

Gisela Gaubatz und ich spielten Ball im Hof. Gisela, die gerade versuchte, den Ball von hinten herum an die Wand zu schmeißen, hielt plötzlich inne.

„Hörst du Moni? Das komische Geräusch, was kann das sein?"

Ich spitzte die Ohren. Aus der Ferne hörten wir zunächst ein leises Gedröhne. Während wir innehielten und lauschten, wurden die Geräusche lauter und kamen bedrohlich näher.

„Komm Moni, wir laufen zur Dorfstraße!"

Neugierig liefen wir los. Nauke kam uns entgegen und schrie aufgeregt:

"Die Engländer kommen mit ihren Panzern, kommt bloß mit zurück nach Hause."

„Wieso, der Krieg ist doch vorbei", rief Gisela mutig zurück!

Kurzerhand kehrte Nauke um und lief mit uns mit. Er wollte uns auf keinen Fall allein lassen. An der Dorfstraße angekommen, mahnte er uns:

„Geht bloß nicht so dicht ran!"

Dann sahen wir auch schon den ersten Panzer die Straße hochkommen. Je näher er kam, desto größer wurde dieses Ungetüm. Ich kam mir ganz klein vor. Mein Herz überschlug sich fast vor Aufregung. Ganz dicht drängten wir uns an die hohe, rote Backsteinmauer des Bauern Schmidt. Nur ein schmaler Grasstreifen trennte uns von der Straße. Die Erde bebte unter unseren Füßen. Langsam donnerten sie auf dem Kopfsteinpflaster durch Kollow. Ich hielt mir die Ohren zu. Aus der runden Öffnung schaute ein Soldat heraus und winkte uns freundlich zu. Einer schmiss uns zwei flache, runde Blechdosen entgegen. Sie fielen uns direkt vor die Füße. Ganz aufgeregt öffnete Nauke sie und staunte – es war Schokolade drin. War die lecker! Unsere erste Schokolade. War das ein toller Empfang!

Bis der Waffenstillstand kam, mussten die Bewohner in den Bauernhäusern ihre Wohnungen verlassen. Die Engländer hausten wie die Vandalen, nahmen sich, was sie wollten und fuchtelten bei Widerstand ständig mit ihren Gewehren herum. Dann ließen sie die Fremdarbeiter frei, die dann drei Tage lang straffrei plündern durften. Nicht alle, es gab auch Fremdarbeiter, die es bei ihren Bauern gut getroffen hatten. Ja, einige unter ihnen wollten gar nicht weggehen aus Kollow, sie blieben freiwillig bei ihren Bauern. Sie wussten ja auch teilweise gar nicht wohin. In ihrem Land war ja auch alles zerstört, wie zum Beispiel in Polen.
Endlich Waffenstillstand – keine Angst mehr vor Bomben und Granaten.
Doch weiterhin galt es, das tägliche Leben zu meistern, alles war Mangelware, jeder organisierte für sich auf seine Weise!

Als der Schulbetrieb im Oktober wieder regelmäßig stattfand, gab es für bedürftige und mangelernährte Kinder, unter die auch ich fiel – weil ich so dünn war – Schulspeisung. Ehrenamtliche Frauen kochten das Essen beim Lehrer Becker in der Küche. Das Geld kam von Spenden aus Amerika. Einmal gab es sogar für jedes Kind eine Tafel Schokolade. Hans-Wilhelm und Arnold waren mit Enkhusens Lastwagenfahrer nach Ratzeburg gefahren, um dort Schokolade abzuholen. Die Flüchtlingskinder waren jetzt in Kollow in der Überzahl.
Ingeborgs heimlicher Verehrer steckte ihr in den Pausen so manches Wurstbrot zu, das sie sich mit ihrer Schwester teilte.

Papier gab es kaum. Lehrer Becker schrieb den Lehrstoff mit der Kreide an die Wandtafel. So musste viel auswendig gelernt werden.

Hinterlassenschaften des Krieges: Der Krieg hatte meinen Vater, wie auch so viele andere Männer, die letztendlich noch das große Glück hatten, heimzukehren, körperlich und seelisch schwer gezeichnet. Obwohl er die überwiegende Zeit der Kriegsjahre in der Wehrmachtswerkstatt für Soldatenschuhe in Wismar stationiert war, musste er hin und wieder zur kämpfenden Einheit, direkt an die Front wie im Herbst 1942 in den Warthegau – das heutige Polen. Eine Waffe brauchte er nie in die Hand nehmen, dank seines Berufes als Schuster. Er litt sehr unter den Gräueltaten an der Front. Hautnah musste er miterleben, wie die deutsche Wehrmacht Massenmorde an polnischen Bürgern verübte. Nichts blieb ihm verborgen, dazu war er zu nah dran. Einmal sagte er, als er auf Heimaturlaub war, zu meiner Mutter:

„Was wir in diesem Krieg der Menschheit antun, werden wir eines Tages bitter büßen müssen."

Ständig spielten einige Dorfjungs mit ihrem Leben, wenn sie durch die Wälder und Felder streiften, um liegengebliebenes Kriegsmaterial ausfindig zu machen. Um ja nichts zu verpassen, mischte Arnold sich unter die älteren Jungs, wenn die loszogen. Kein liegengebliebenes Kriegsgerät war vor ihnen sicher. Gemeinsam mit Ewald und Horst Thiede, entdeckten sie im Wald ein Flak-Geschoß. Mit großem Eifer inspizierten sie es, lange bevor es die Erwachsenen entdeckten, um das Kriegsgerät auseinanderzulegen.

Aus leeren Ersatzbenzinkanistern zapften sie noch so manchen Tropfen Benzin heraus. Hatten sie genug gesammelt, wurde das Benzin literweise verschachert. Einmal war Arnold derart übermütig, dass er Restbenzin aus einem Kanister mitten im Dorf von der Teichmauer in den Buckpolteich kippte. Er schmiss ein brennendes Streichholz hinterher. Wie angewurzelt blieb er erschrocken stehen, als direkt vor ihm die Stichflamme hoch hinauf schoss. Mal wieder war er mit einem blauen Auge davongekommen. Überhaupt schien Arnold ständig mehrere Schutzengel um sich zu haben. Experimentierfreudig, wie er war, bastelte er aus dem Pulver der Wehrmachtskartuschen, die in der Feldmark umherlagen, Raketen, die er dann auf dem Feld wie ein Silvesterfeuerwerk abschoss.

Unglücksrabe Lilla: Eine Handgranate wurde mein Bruder Lilla zum Verhängnis. Er hatte keinen Schutzengel bei sich, als es ihn mit voller Wucht traf. So hat uns Meyers der Krieg doch noch nachträglich erwischt! Mitten im Dorf – direkt vor dem Dorfbrunnen bei der Post – hatten die Engländer, bevor sie Kollow wieder verließen, einen Haufen Schrott abgeladen.

Lilla, unser Schrottsammler, war einer der ersten vor Ort. Hoffnungsvoll – mit Kennerblick – durchwühlte er den Schrotthaufen nach wertvollen Metallen. Bernhard Angerstein gesellte sich hinzu. Ihm fiel ein ganz besonderes Eisenteil auf, er bückte sich und hob das Teil auf. Es hatte die Größe einer Orange. Zunächst betrachtete er es von allen Seiten, entdeckte einen Schraubverschluss, drehte solange daran, bis er ihn in der Hand hielt. Eine Schnur kam zum Vorschein, neugierig zog er dran. Es zischte. Reflexartig, unfähig, auch nur noch eine Sekunde zu überlegen, schmiss er die Eierhandgranate von sich und rannte um sein Leben. Wahrscheinlich hat er Lilla, während er weglief, noch gewarnt. Doch Lilla, gerade mal sieben Jahre alt, hatte keine Chance. Die Eierhandgranate, umgeben von einem Splittermantel, fiel Lilla direkt vor die Füße und explodierte. Fünfundzwanzig kleine und große Splitter durchdrangen seinen kleinen Körper und verletzten ihn lebensgefährlich. Ein großer Splitter durchbohrte seinen Unterschenkel.

Nur, weil es in Kollow auf dem Weg nach Schwarzenbek, dort, wo der Sachsenwald beginnt, ein Reserve- Lazarett gab, konnte Lilla schnellstmöglich behandelt werden. Wochenlang kämpften die Ärzte, die ja Spezialisten für Kriegsverletzungen waren, um sein Leben. Täglich ging Mutter ihn besuchen. Nie mehr habe ich Mutter soviel weinen sehen. Einmal nahm sie mich mit ins Lazarett, weil auch ich Lilla unbedingt besuchen wollte.

„Du darfst aber nicht weinen, wenn du Lilla siehst. Versprichst du mir das? Sonst kann ich dich nicht mitnehmen. Du musst dich zusammenreißen", redete Mutter auf mich ein, bevor wir das Zimmer betraten. Mir blieb das Herz stehen, als ich Lilla sah.

Nahezu sein ganzer Körper war mit weißer Mullbinde umwickelt. Lediglich ein kleiner Teil seines Gesichtes und die Hände schauten aus dem weißen Mull hervor. Auf dem Nach-Hause-Weg kullerten mir unentwegt die Tränen die Wangen herunter.

Wenn ich abends im Bett betete: "Lieber Gott mach mich fromm, dass ich in den Himmel komm", sagte ich zusätzlich, „Lieber Gott, bitte mach Lilla wieder gesund!"

Wie durch ein Wunder haben die Ärzte es letztendlich geschafft, ihm sein Leben zu retten. Bis auf zwei Splitter im Kopf, die ihm ein Leben lang zu schaffen machten, konnten die Ärzte nach und nach alle anderen entfernen.

Die Beschaffungskünstler

Karierte Kollower: Im großen Saal der Gaststätte Schnackenbeck hatte eine Hamburger Firma ihre Ware – überwiegend Stoffe – aus Angst vor Bombenschäden dort ausgelagert.

Dann passierte etwas Merkwürdiges. Ein Gerücht ging wie ein Lauffeuer durchs Dorf: „Die Engländer haben das Lager freigegeben, jeder darf sich holen, was er möchte." Auf gut deutsch: Das Depot plündern. Null Komma nix, hast du nicht gesehen, war das ganze Dorf auf den Beinen. Einige fuhren mit ihrem Fahrrad, andere flitzten mit großen Hamstertaschen durchs Dorf, wiederum andere rollten mit ihrem Blockwagen durchs Dorf, sogar Schubkarren wurden gesichtet. Als sei der Teufel hinter ihnen her, rannten sie so schnell sie konnten, durchs Dorf in Richtung Gaststätte Schnackenbeck, um möglichst viel abzustauben.

Auch Nauke kam völlig aus der Puste in die Schusterwerkstatt geschossen und schrie aufgeregt: „Die Engländer haben das Dorf verlassen, kommt schnell, die Leute räumen bereits den Saal von Schnackenbeck leer!"

Ewald und Arnold, die sich beim Vater in der Werkstatt aufhielten, wollten sofort losrennen.

„Wartet auf mich", stoppte Vater sie, „ich komme auch mit." Er ging in die Küche, füllte Wasser in die Waschschüssel, die auf einem Drahtgestell stand, holte Rasierzeug und fing doch tatsächlich an, sich zu rasieren. Die Jungs saßen wie auf heißen Kohlen und drängten:

„Wir können doch schon mal loslaufen!"

„Nun wartet doch, ich bin sofort fertig, ich kann doch nicht unrasiert und in dreckigen Klamotten durchs Dorf laufen."

Nach dem Rasieren wusch er sich den Restschaum aus dem Gesicht, trocknete sich ab und ging ins Schlafzimmer, sich umzuziehen. Nach scheinbar endlosen Minuten kam Vater gebügelt und gestriegelt zum Vorschein. Gemeinsam liefen sie durchs Dorf.

Die Plünderer kamen ihnen bereits mit ihren prall gefüllten Taschen, Schubkarren und Blockwagen entgegen. Völlig aus der Puste erreichten sie endlich den Saal. Zu spät! Alles, aber auch alles, was nicht niet- und nagelfest war, hatten die Leute bereits abgeräumt. Die Einwohner von Kollow hatten ganze Arbeit geleistet.

Berge von Stoffballen, vom feinsten schottischen Tuch, Puppen, noch original verpackt im Karton, und was sonst noch alles an Luxusgütern vorhanden war, waren aus der Gaststätte verschwunden. Nur zwei Puppen lagen vergessen in einer Ecke.

Nicht nur das. Kaum hatten Vater und die Jungs den Saal betreten, tauchten auch die Engländer wieder auf. Über den leergefegten Saal waren sie derart entsetzt, dass sie mit ihrem Revolver erstmal an die Decke ballerten, bevor sie die Gewehre auf die noch Anwesenden richteten. Vater und die drei Jungs zeigten den Engländern ihre leeren Taschen, sie ließen sie laufen.

Doch die letzten beiden Puppen hatte Arnold noch beiseiteschaffen können. Eine Puppe bekam seine Schwester Elfriede, eine bekam ich.

Gisela Gaubatz' Eltern waren rechtzeitig bei Schnackenbeck erschienen. Sie hatten sieben Puppen ergattern können.

Die Engländer wurden sehr böse. Sie gaben den Befehl, dass alle Dorfbewohner verpflichtet seien, umgehend sämtliche gestolenen Waren wieder zurückzubringen!

Nun dachte sich wohl jeder Kollower: Weiß doch niemand, was ich alles mitgenommen habe. Flugs brachten sie nur das zurück, was sie entbehren wollten. Die Engländer, auch nicht blöd, begaben sich selbst auf die Suche nach der Beute. Häuser und Höfe wurden durchstöbert, um zu retten, was zu retten war. Nur, womit die Engländer nicht gerechnet hatten, im Dorf gab es unzählige Verstecke.

Die Kollower waren vielleicht alles andere, aber nicht beschränkt. Flugs versteckten sie nicht nur Puppen, sondern gleich ganze Stoffballen in ihren vielen Verstecken.

Das Ende vom Lied: Jahrelang liefen Kollower kariert durchs Dorf.

Der Zucker-Klau: Wieder rannten die Kollower Anfang Mai los, als ginge es um ihr Leben. Nur diesmal war die Strecke bedeutend länger. Sehr lang sogar. Sieben Kilometer mussten sie überwinden, bis sie mal wieder keuchend und nach Luft schnappend im Geesthachter Hafen ankamen. Diesmal gab es weißes Gold. Nicht Salz! Nein! Zucker! Schneeweißer feiner Zucker war das Objekt der Begierde. Zwei ganze Elbkähne, randvoll mit der köstlichen Süße! Unvorstellbar! Was musste man alles tauschen, um etwas Zucker zu bekommen. Dort gab es ihn umsonst. Zumindest hatten das einige Wichtigtuer behauptet, was sich in Windeseile auch bis nach Kollow herumsprach.
Als die ersten Kollower den Hafen endlich erreichten, waren die Schiffe bereits leergeräumt. Ganz umsonst war dann die Tour doch nicht. Einige ergatterten noch leere, weiße Zuckersäcke aus Leinenstoff, aus dem pfiffige Klamotten genäht wurden.

Wie gesagt, die Flüchtlinge hatten ja nichts, aber auch wir lebten nicht wie die Made im Speck. Manchmal noch weniger als das.
Bevor wir im Dezember 1945 am Abend vor Nikolaus ins Bett gingen, stellte jeder von uns einen blankgeputzten Stiefel vors Küchenfenster. Mitten in der Nacht weckte Nauke uns mit den Worten: „Ich geh schon mal in die Küche und guck, ob der Nikolaus schon da war." Leise schlich er sich in der Dunkelheit in die Küche. Als er den Fenstervorhang vorsichtig zur Seite schob, erhellte der silberne Schein des Mondes die Küche und ließ die wunderschönen Eisblumen an der Fensterscheibe märchenhaft erstrahlen. Draußen herrschte klirrende Kälte. Mit einer kleinen spitzen Tüte kam er zurück ins Schlafzimmer. Lilla, der neben mir im Bett lag, schob flink die Bettdecke zur Seite und lief auch in Richtung Küche – Butz und ich hinterher. Jedem von uns hatte der Nikolaus eine kleine spitze Bonbontüte in den Stiefel gelegt. Nur, etwas Weihnachtliches war nicht drin, sie war lediglich mit feinem weißen Zucker gefüllt. Mit der Tüte in der Hand krabbelten wir zurück ins warme Bett und setzten uns aufrecht hin. Um möglichst recht lange den Zucker genießen zu können, steckten wir unseren Zeigefinger in den Mund, um ihn zu befeuchten und dann hinein in den Zucker.
Genüsslich schleckten wir die süßen Zuckerkrümel vom Finger, solange, bis sich kein einziges Körnchen mehr in der Tüte befand.

Hatte meine Familie doch noch Zucker ergattern können? Oder war Mutter mal wieder zum Tauschen in Geesthacht gewesen? Dort kamen bestimmt unsere Zuckertüten vom Nikolaus her. Und was war mit dem weißen Leinenstoff der Zuckersäcke? Mir hatte Mutter ein weißes Leinenkleid mit Puffärmeln nähen lassen. Oberhalb des Saumes war eine breite Bordüre mit weinrotem Garn gestickt.

Pisspötte: In Trittau gab`s auch was umsonst! Nicht für uns Kollower, dafür war Trittau zu weit weg. Diesmal pirschte sich nachts eine junge Frau, von hinten heran an einen, in einer dunklen Seitenstraße parkenden Lastwagen. Seine kostbare Fracht? Fabrikneue Kochtöpfe. Jemand hatte es ihr am Tage ins Ohr geflüstert. Eine große Tasche hatte sie dabei. Sicher ist sicher. Vielleicht konnte sie ja mehr Töpfe mitnehmen, als sie selber gebrauchen konnte. Das wären dann gute Tauschobjekte. Als Flüchtlingsfrau hatte sie ja nichts. Vorsichtig öffnete sie die hinteren beiden Schlaufen an der Seite der Plane. Vom hinteren kleinen Eisentritt, der sich unterhalb der Klappe befand, versuchte sie, hochzukommen. Nach mehreren Fehlversuchen schaffte sie es endlich und krabbelte auf die Ladefläche. Erstaunt schaute sie in den ersten Karton. Es waren keine Kochtöpfe, sondern fabrikneue, emaillierte kochtopfähnliche Gefäße mit einem Deckel. Der obere breite Rand war nach außen gebogen. An dessen äußerstem Ende schmückte ein kobaltblauer Streifen das Gefäß. Anstatt zwei Griffe, wie bei einem richtigen Kochtopf hatte er nur einen Henkel, wie bei einer Tasse, nur viel breiter. Es waren Pisspötte! Nach ihrer ersten großen Enttäuschung überlegte sie nicht lange und schnappte sich entschlossen fünf von den Dingern, schließlich sollte ihr nächtlicher Ausflug nicht umsonst gewesen sein, und verschwand. Nachdenklich betrachtete sie zu Hause ihr Diebesgut. Ein Lächeln huschte über ihr Gesicht, als sie zu ihrem ältesten Sohn, der plötzlich schlaftrunken neben ihr stand, sagte: „Auch gut, wenn schon keine Kochtöpfe, so habe ich jetzt genügend Schüsseln!" So wurde in den nächsten Jahren in einer Trittauer Familie das Essen eben in emaillierten Schüsseln serviert anstatt in Porzellanschüsseln. Schüssel ist Schüssel. Schließlich waren sie ja fabrikneu. Nur, das musste sie erstmal jedem verklickern, der sie zum Essen besuchte.

Unsere Schusterwerkstatt

An der Gartenseite der Mooskate, dort wo vorher der Windfang vor der Küchentür stand, hatten Vater und Ewald – noch während des Krieges – eine Schusterwerkstatt gebaut.
Nun führte die Küchentür nicht mehr in den Garten, sondern direkt in die Schusterwerkstatt. Um in den Garten zu gelangen, mussten wir über die Diele ums Haus herum laufen oder durch das Werkstattfenster steigen, das Vater extra niedrig eingesetzt hatte.

Wenn die Leute ihre Schuhe zum Reparieren brachten oder sich neue anfertigen ließen, setzten sie sich einfach auf die Treppenstufen, die von der Küche in die Werkstatt führten und hielten sich dort gern zum Klönschnack auf.
Mama nannte die Treppen „Besuchertreppe" und die Werkstatt „Schusterstube". Kein Wunder, denn gerade im Winter sorgte ein gusseiserner Kanonenofen für wohlige Wärme. Kein anderer Raum im Haus war so mollig warm wie Vaters Werkstatt.
Später baute Vater mit Ewald ein Kinderschlafzimmer auf unserer Seite des Dachbodens. Von der Stirnseite der Diele führte eine hölzerne Treppe hinauf. Der Dachboden war praktisch die Verlängerung des Heubodens.
Endlich hatten meine Eltern ihr Schlafzimmer für sich allein. Nur ich schlief anfangs noch in der Butz, dem Alkoven, im Elternschlafzimmer.
Mein Bruder Butz wollte auch weiterhin im Alkoven schlafen. Von klein auf fühlte er sich wohl in dieser höhlenartigen Abseite. Daher hatte er auch seinen Kosenamen. Als mein Bruder Rolfi geboren wurde, schlief er mit Vater und Mutter im Schlafzimmer, und ich ging auch mit nach oben zu meinen Brüdern.
Kurze Zeit später bauten Herr Gaubatz und Giselas älterer Bruder Paul für Gisela ein Schlafzimmer auf deren Hälfte des Dachbodens. Trotzdem huschte Gisela abends zu uns ins Zimmer und krabbelte zu meinen Brüdern ins Bett, bis ihre Mutter hochkam und sie wieder zurück in ihr Zimmer brachte. So ging es Abend für Abend. Mit mehreren rumzualbern war eben interessanter, als allein im Zimmer, denn Paul war ja schon erwachsen.

45

Träume vom Rittergut: Frau Sörensen, eine Flüchtlingsfrau, saß auf der Besuchertreppe neben dem Kanonenofen und schnackte mit Papa über dies und das. Bis sie wieder in die alte Leier verfiel und zu jammern begann, wie sehr sie ihr großes Rittergut in Schlesien vermisste.

Was für ein primitives Le-ben sie jetzt mit ihren vier Kindern in der kleinen Kate am Rande des Dorfes ertragen müsste. Ohne ihren Mann, der ja im Krieg gefallen sei, müsste sie nun allein zusehen, wie sie mit ihren vier Kindern klar käme. Oft wüsste sie nicht, wie sie über die Runden kommen sollte. Und so weiter, und so weiter…!
Die Tür hinter ihr wurde geöffnet. Frau Sörensen sprang auf und ging zur Seite, um die neue Kundin hereinzulassen.
Ein neues Gesicht, wie Vater schnell feststellte. Plötzlich war die neue Kundin außer sich vor Freude, als sie Frau Sörensen erblickte und schrie förmlich:
„Nein, so was, was für eine Überraschung, Frau Sörensen, Sie hier? Hat es Sie auch nach Kollow verschlagen?", und noch einmal wiederholte sie: „Was für eine Überraschung!"
Die Wiedersehensfreude der beiden Frauen war so groß, dass sie die Welt um sich herum vergaßen und pausenlos über ihre Vergangenheit und ihre Flucht redeten.
Der Stoff schien ihnen nicht auszugehen. Vater arbeitete indes in Ruhe weiter. Bis er plötzlich aufhorchte und gar nicht glauben konnte, was er da gerade hörte. Die Unterhaltung ging nicht um ein Rittergut oder sonst was Feudales, nein, nur um eine x-beliebige Mietswohnung in einem Wohnblock in Danzig, in dem beide Frauen mit ihren Familien in friedlicher Nachbarschaft wohnten, bevor sie flüchteten.

Überrascht schaute mein Vater von einer Frau zur anderen. Er überlegte nicht lange, dann komplimentierte er Frau Sörensen höflich, aber bestimmt, aus seiner Werkstatt. Von da an ward sie nie mehr bei uns gesehen.

Vater selber hat über diese Geschichte nie geredet. Nur Mutter erzählte viel später einmal davon, und noch etwas erzählte sie mir. Auch der Mann von der Frau Sörensen sei nicht im Krieg gefallen, sondern sie seien geschieden gewesen. Den Mann hatte es später auch in diese Gegend verschlagen. Er wohnte in Geesthacht und war wieder glücklich verheiratet mit einer anderen Frau. Na ja, so einfach ist es ja auch nicht mit der Wahrheit. Wahrscheinlich war Frau Sörensen sehr verletzt. Denn als verlassene und geschiedene Frau war man in der damaligen Zeit doch gebrandmarkt. Außerdem hat sie doch Stärke bewiesen, als sie sich in den Wirren des Krieges mit ihren Kindern von Danzig bis ins kleine Dorf Kollow in Schleswig-Holstein durchgeschlagen hatte. Nur das mit dem Rittergut, das hätte ja nicht sein müssen.

Ein sonderbarer Vorschlag:
Papas Gutmütigkeit war sagenhaft!
Während Vera auf ihre Schuhe wartete, denen Vater den letzten Schliff verpasste, fiel ihr Blick auf ein Paar nagelneue blankpolierte braune Lederstiefel. Vater hatte sie gerade fertiggestellt. Sie warteten auf die neue Besitzerin, eine Bauerntochter, um abgeholt zu werden. Vera seufzte und sagte mehr zu sich als zu meinem Vater:
„Die sind aber schön!"
Vater nahm Veras reparierten Schuh von der Poliermaschine und schaute zu ihr 'rüber, sie saß auf den Treppenstufen.
„Du meinst doch nicht etwa, die hier, deine alten abgewetzten Halbschuhe?"
„Nein, ich meine die neuen Lederstiefel, die dort im Regal stehen. Solche schönen Stiefel werde ich mir von meinem kargen Lohn bei meinem geizigen Bauern niemals leisten können."
Vera arbeitete als Köksch (Magd) beim Bauern.
„Herr Meyer, darf ich mir mal einen Stiefel näher anschauen?"
Vater nahm einen Stiefel vom Regal und reichte ihn Vera rüber. Liebevoll und vorsichtig, so als hätte sie ein rohes Ei in der Hand, strich sie über den blankpolierten Stiefelschaft.

Dieser Anblick muss Vater derart berührt haben, dass er Vera einen sonderbaren Vorschlag unterbreitete.

„Weißt du Vera, ich hab' eine Idee. Jedes Mal, wenn du bei deinem Bauer allein in der Küche bist, gehst du in die Speisekammer und schneidest ein ordentliches Stück Schinken ab, aber nur soviel, dass es nicht auffällt. Den Schinken bringst du mir dann, und zwar solange, bis die Stiefel bezahlt sind. Das wird dem Bauern bestimmt nicht wehtun." Außerdem wusste Vater, wie jeder andere im Dorf auch, welcher Bauer besonders geizig war.

An einem Sonntagnachmittag, saßen die Knechte und Mägde gemeinsam mit der Bauernfamilie beim Kaffeetrinken um den großen Küchentisch.

Die Bäuerin schickte Vera in die Speisekammer, um Sahne zu holen. Eine Holztreppe führte hinauf in die Speisekammer. Als Vera mit der Sahne die Treppe 'runter kam, scherzte die Bäuerin:

„Vera, deine neuen Stiefel knarren ja so, hast du sie noch nicht bezahlt?" Vera antwortete nicht. Sie lächelte still in sich hinein.

Der Quälgeist: Mal wieder ging mein Dickkopf mit mir durch. Ich muss meine Mutter ganz schön genervt haben. Als hätte sie nicht schon genug zu tun mit uns Rasselbande.

„Milch ist alle", sagte Mutter kurz und knapp, als ich unbedingt Milch trinken wollte.

„Ich will aber Milch!", quengelte ich.

„Kind sei still, nerv mich nicht! Vor heute Abend gibt's keine Milch. In der Zwischenzeit kannst du Kaffee oder Wasser trinken."

Der Kaffeekessel stand auf dem Herd. Kein Bohnenkaffee, nein, es war Muckefuck, auch Ersatzkaffee genannt.

Ein kaffeeähnliches Getränk aus Getreide. Beides wollte ich aber nicht trinken und nörgelte weiter.

„Ach, da fällt mir ein, im Küchenschrank ist ja noch Milch, die kannst du trinken!" Mutter lächelte so komisch und zeigte mit der rechten Hand auf die obere Glastür des Küchenschrankes.

Ich stellte mich auf die Zehenspitzen und versuchte, die rechte Schranktür zu öffnen. Vergebens, ich kam nicht an den Knopf.

„Nauke, hilfst du Moni bitte?"

Vorsichtig holt er eine kostbare goldumrandete Sammeltasse heraus und reichte sie mir. Hastig führte ich sie an meine Lippen und nahm gierig einen großen Schluck.

Kaum hatte die Milch meine Zunge berührt, spuckte ich sie im hohen Bogen wieder aus. Mutter direkt vor die Füße. „I gittigit, die schmeckt ja scheußlich, was ist denn das?" Als hätte sie mich vergiftet, schaute ich Mutter vorwurfsvoll an. Sie saß auf einem Küchenstuhl abseits des Küchentisches. Auf ihren Armen trug sie unser neues Baby, den kleinen Rolfi. Schadenfrohes Gelächter hallte durch die Küche. Nauke und Butz saßen am Tisch und hatten mich beobachtet. „Wieso?", sagte sie unschuldig, „du wolltest unbedingt Milch trinken, jetzt hast du welche." Mein kleiner Bruder Rolfi, der erst ein paar Wochen alt war, saugte an ihrer linken Brust. Er war so winzig, dass er fast in eine Zigarrenschachtel gepasst hätte. Sein kleiner Körper kam gegen die Milchmenge meiner Mutter nicht an. Deshalb hatte sie ihren Milchüberschuss in einer Tasse aufgefangen. Schnell trank ich Wasser hinterher.

Mein leeres Osternest: Wir holten Moos aus dem Wald, buddelten ein rundes Loch im Garten, kleideten es mit Moos aus und deckten es mit einem kleinen Brett, das wir auch mit Moos bedeckten, wieder zu. Schön in Reih und Glied lagen unsere Nester nebeneinander, damit der Osterhase in der Nacht zum Ostersonntag seine Ostereier 'reinlegen konnte. Am Ostersonntag war ich die Letzte, die am Frühstückstisch erschien. Als ich in die Küche kam, saßen meine Brüder bereits dort und hatten ihre Ostereier neben sich liegen. Aufgeregt lief ich in den Garten, um auch mein Nest zu leeren. Brauchte ich nicht. Es war schon leer. Genauso leer, wie die Osternester meiner Brüder, aber die hatten ihre Nester ja bereits geplündert. Enttäuscht rannte ich zurück in die Küche. „Mama, warum ist mein Osternest leer, warum hat der Osterhase bei mir nichts reingelegt?" „Kind, das weiß ich auch nicht, vielleicht hat er sie ja irgendwo anders im Garten versteckt, du musst überall suchen, bestimmt findest du sie dann", versuchte sie mir Mut zu machen. Erneut rannte ich los. Ich glaubte noch fest an den Osterhasen. Ich suchte und suchte, keinen einzigen Zentimeter ließ ich aus. Selbst zwischen den Stachelbeer- und Johannisbeersträuchern krabbelte ich umher. Nichts, gar nichts, fand ich.

Mit verheultem Gesicht lief ich wieder zurück in die Küche.
„Mama, warum bekomme ich nichts vom Osterhasen?", schluchzte ich.
Sie hob nur ihre Schultern. Seltsam, warum schauten meine Brüder mich so schadenfroh an. Bis Nauke sagte:
„Wahrscheinlich warst du mal wieder sehr, sehr ungezogen, so was merkt sich der Osterhase!"
Ich muss so ein betroffenes Gesicht gemacht haben, dass meine Mutter doch Mitleid bekam und sagte:
„ Schau mal im Wohnzimmer nach."

Auf dem Sofa stand ein offener Schuhkarton, in ihm lagen bemalte Hühnereier, mehrere Zuckerostereier, die wie gebratene Eier aussahen, sowie kleine bunte Schokoladenostereier. Völlig lieblos ohne Moos oder Gras rollten sie im Karton hin und her, als ich ihn anhob. An diesem Tag kamen mir die ersten Zweifel, ob es überhaupt einen Osterhasen gab. Trotzdem ging ich überglücklich mit dem Schuhkarton zu den anderen. Schließlich gab es Süßigkeiten nur zu Weihnachten oder Ostern.

Pfiffige Selbstversorger

Was konnten wir uns glücklich schätzen, dass wir uns im Dorf selbst mit Lebensmitteln versorgen konnten.

Dat Backhus: Dreimal im Jahr da roch das ganze Dorf so verführerisch nach leckerem Backwerk, dass uns das Wasser im Munde zusammenlief. Zu den Festtagen schmissen die Bauern, die auf ihrem Hof ein Backhaus besaßen, den Ofen an. Und es wurde gebacken, mit allem, was man an Backzutaten auftreiben konnte.
Zuerst wurde viel Holz verbrannt, wenn dann das Holz durchgeglüht war, musste jede Hand helfen, die vielen Brote, die die Hausfrauen vorbereitet hatten, herbeizuschleppen. Aus Kornschrot und Sauerteig wurde bereits vorher der Teig angesetzt, um dann am Backtag große ovale Brotlaibe daraus zu formen. Viele Mäuler mussten ja satt zu kriegen sein. Weit wären die Großfamilien mit den Winzlingsbroten von heute nicht gekommen. Als Erstes wurden die Brote in den Ofen geschoben.

Danach kamen die Rührkuchen an die Reihe, zum Schluss wurden die großen Backbleche mit dem Butterkuchen in den Ofen geschoben.
Sobald das Brot aufgegessen war, schmissen die Bauern ihre Backhäuser auch außerhalb der bevorstehenden Festtage an. Besonders, wenn eine Hochzeit ins Haus stand, dann wurde auch der Hochzeitsbraten im Backhaus gegart.

Weihnachtsplätzchen und die Berliner an Silvester wurden zu Hause selber gebacken. Das war früher schon so wie heute ein Spaß für die ganze Familie, wenn in der Küche gewerkelt wurde und jeder seiner Kreativität freien Lauf lassen durfte. Zutaten gab es zwar nur wenige, aber wir waren erfinderisch, was die Dekoration der Kekse anging.
Auch sonst gab`s immer wieder neue Ideen, wie man an Lebensmittel kommen konnte. Einmal zog Mutter mit uns in den Wald zum Bucheckern sammeln. In manchen Jahren trugen die Buchen besonders viele Bucheckern. Daraus ließ sie dann Öl pressen. Auch Kartoffelmehl machten wir selber.

Während der Apfelernte schälten wir eimerweise Äpfel, schnitten sie in Scheiben und zogen sie aufs Band, um sie auf dem Dachboden, wenn es dort von der Sonne schön warm war, für den Winter zu trocknen. Zuckerrüben wurden gehobelt und ausgepresst, um daraus Sirup herzustellen. Doch am liebsten aßen wir im Spätherbst und im Winter die Bratäpfel aus dem Backofen. So kamen wir immer gut über die Runden.

Schlachtfest: Auch wenn es den Menschen im Dorf bedeutend besser ging als denen in der Stadt, so gab der Staat strenge Regeln vor: Wieviel Schweine man für sich selber schlachten durfte, wieviel man abgeben musste. Wer beim Schwarz-Schlachten erwischt wurde, konnte schon mal dafür ins Gefängnis kommen, wenn er angezeigt wurde! Noch während des Krieges stand darauf die Todesstrafe!

Die schlimmste Gewalt war für mich der Tag, an dem unser Schwein Jolanthe geschlachtet wurde. Wie oft war ich bei ihr im Stall und hatte ihr Futter gebracht. Morgens, ganz früh, weckten mich die Todesschreie des Schweins. Vaters beruhigende Worte, mit denen er versuchte, Jolanthe zu beruhigen, wurden vom Schreien des Schweins übertönt und gelangten nur noch ganz schwach zu mir hoch. Jolanthe spürte, als sie aus dem Stall gezogen wurde, was auf sie zukam.

Es waren die schrecklichsten Todesschreie, die ich je gehört habe. Ich schob mir die dicke Federbettdecke und das Kissen über den Kopf und hielt mir außerdem mit beiden Händen die Ohren zu, solange, bis endlich der erlösende  Schuss fiel, und es wieder still wurde. Als ich die Treppen 'runter kam, standen die Dielentüren sperrangelweit auf. Das Schwein lag auf dem Boden, Mutter kniete daneben und rührte hemdsärmelig das aus der Halsschlagader fließende Blut in einer großen Schüssel pausenlos um. Der Schlachter hielt das Schwein fest, obwohl es bereits tot war, damit es nicht verrutschen konnte.

Das große blutverschmierte Schlachtermesser lag daneben. Es war, als stäche er mir ins Herz.

Schweineschlachten war eigentlich die natürlichste Sache in einem Dorf. Überall und jedes Jahr wurden doch die Schweine in der Winterzeit geschlachtet. Mir war der Appetit vergangen. Ohne zu frühstücken, lief ich mit halbgeschlossenen Augen am Ort des Geschehens vorbei in die Schule. Jolanthe lag inzwischen im heißen Wasser in der Zinkwanne und wurde von ihren Borsten befreit. Als ich mittags aus der Schule kam, hatte ich mich schon wieder beruhigt. Tante Meta aus Kasseburg und Tante Ella aus Friedrichsruh, beide Vaters Schwestern, hatten bereits in der Küche das Kommando fürs Wurstmachen übernommen. Wurst herstellen war nicht Mutters Spezialität.

Sie lebte nun schon so lange auf dem Lande, aber das Kochen, bis auf wenige Ausnahmen, lag ihr einfach nicht. Wir alle mussten mit anpacken.

Gefühlsduselei ließ Tante Meta nicht zu. Schließlich hatte sie ja selbst einen eigenen Bauernhof und Tante Ella war auch auf dem Bauernhof groß geworden.

Die Schnapsbrenner: Wenn Vater abends nach Feierabend nicht am Klavier saß oder keine Skatbrüder mit ihm Skat spielten, ging er in ein Wirtshaus, was nicht wenige Männer im Dorf auch taten. Überhaupt wurde viel Alkohol im Dorf konsumiert.

Frei nach dem Motto:

Wird man früh vom Tod getroffen, dann sagt man: Er hat sich totgesoffen!
Stirbt einer von den Alten, dann heisst es: Den hat der Sprit erhalten! (Unbekannter Verfasser)

Wahrscheinlich war es der letzte Satz, den sich die Dorfbewohner zu Herzen nahmen. Denn wer es irgendwie bewerkstelligen konnte, hatte eine eigene kleine Schnapsbrennerei in der Küche. Einige Schnapsbrenner entwickelten sich zu wahren Destilliermeistern. Jeder, der irgendwie pfiffig war, besorgte sich die Gerätschaften und Teile und bastelte sich die notwendige Destille zusammen.

Nachts wurde dann heimlich der Schnaps gebrannt.

Gesetzlich war es streng verboten. Oft bekam man die Apparaturen nur gegen gewisse Tauschobjekte. Vater hatte stets ein willkommenes Tauschobjekt zur Hand – wertvolle, selbstgemachte Schuhe!

So wurde auch bei uns nachts in der Küche Schnaps gebrannt. Das war sehr gefährlich. So manch einem flogen die selbst zusammengeschusterten Apparaturen auch schon mal um die Ohren. Im großen Stil brannten Herbert Schnackenbeck und seine Kumpanen ihren Schnaps des Nachts in seiner Küche, bis es auch ihnen passierte. Verletzt wurde zum Glück niemand, doch die teure Apparatur war dahin, und den Schnaps konnten sie nur noch von den Kacheln an der Wand ablecken.

Unser Dorfpolizist war auf der Hut. Er hatte es sich zur Gewohnheit gemacht, die Schnapsbrenner von Kollow zu überraschen.

54

Nicht, weil er die Täter verhaften wollte, nein, er schnasselte selbst gern einen.

Herbert erzählte: „Einmal hat er sich bei uns derartig volllaufen lassen, dass wir ihn in einer Schubkarre nach Hause rollten." Wenn er bei uns auftauchte, gab Vater ihm freiwillig gleich eine Flasche Schnaps mit auf den Weg. Glücklich zog er mit der Flasche im Gepäck von dannen. Gefährlich konnte ein ‚lieber' Nachbar werden, der einem nicht gut gesonnen war. Gleich nach dem Krieg wurde nicht nur viel gebechert, sondern auch viel gequalmt. An manchen Abenden, wenn Vater seine Skatbrüder bei sich hatte, konnte man die Luft in der Wohnstube mit dem Messer schneiden. Denn auch beim Tabakanbau waren viele Bürger Selbstversorger.

Im Garten wurde einfach ein Stück Land für Tabakpflanzen abgezweigt, was auf Kosten des Gemüseanbaues ging. Gerade den kinderreichen Familien, zu denen wir Meyers auch gehörten, fehlte es dann. Die Blätter wurden dann später auf ein dünnes Band aufgezogen und auf dem Boden getrocknet.

Vielleicht beruhigten die Raucher ihr schlechtes Gewissen damit, dass sie sagten, Tabakpflanzen seien ja schließlich auch Grünzeug. Anders kann ich mir diese Sucht nach dem Rauchen nicht erklären. Mein Vater war Pfeifenraucher, und Mutter fing tatsächlich noch mit achtunddreißig Jahren an zu rauchen. Schrecklich fand ich das.

Die Schnapsidee:
Wie bereits erwähnt, ging Vater gern ins Wirtshaus. Dort erfuhr er nicht nur in geselliger Runde den neuesten Dorftratsch, sondern zu vorgerückter Stunde dachte man sich allerlei Blödsinn aus.
Viele waren bereits gegangen, nur der harte Kern saß noch am Tresen. Es war spät, um nicht zu sagen, morgens ganz früh. Franz Meyer (mein Vater) hatte diesmal soviel gebechert, dass er friedlich auf einem Stuhl am Tisch eingeschlafen war. Den Kopf hatte er auf seine Arme gestützt. Herbert Schnackenbeck, der hinterm Tresen stand und zwei weitere Saufkumpanen kamen auf eine seltsame Idee. Sie schoben zwei Tische zusammen. Mit vereinten Kräften hoben sie vorsichtig Franz vom Stuhl und legten ihn mit dem Rücken flach auf den Tisch. Dort schlief er friedlich weiter, wahrscheinlich war er so besoffen, dass er nichts merkte.

Seine Hände legten sie ihm auf die Brust, stellten ein paar Kerzen um ihn herum und zündeten diese an. Den Schalk im Nacken, setzten sich die Täter wieder an den Tresen und soffen weiter. Plötzlich ging die Tür auf. Franziska Meyer erschien auf der Bildfläche. Sie hatte sich gewundert, warum ihr Mann noch nicht nach Hause gekommen war. So spät pflegte er sonst nicht heimzukehren. Entsetzt schrie sie auf, als sie ihren Mann erblickte, schlug sich die Hände vors Gesicht und fing an zu weinen. In ihrer Verzweiflung lief sie Hals über Kopf nach draußen. Die Täter rührten sich nicht vom Fleck. Wahrscheinlich waren auch sie so abgefüllt, dass sie nichts mehr merkten.

Draußen ging Franziska endlich ein Licht auf. Sie ging zurück in die Gaststube und trommelte so lange auf ihren Franz ein, bis er wach wurde. Sie nahm ihn an die Hand und schleppte ihn nach Hause.

PS: Diese Geschichte hat mir weder Mama noch Papa erzählt, die erfuhr ich während meiner Recherchen für dieses Buch von Herbert Schnackenbeck höchst persönlich! Es war ihm nach all den Jahren immer noch peinlich! Es sei ihm verziehen!

Ab in den Knast: Ein Bauer war Vater nicht gut gesonnen. Weil der Bauer selbst Schnaps brannte, war Vater, der dieses Fach sehr gut beherrschte, ein Konkurrent für ihn. Er zeigte Franz Meyer an. Vater kam nach Schwarzenbek ins Gefängnis. Aus dieser Schlinge konnte ihn der Polizist leider auch nicht befreien. Eine Anzeige ist eine Anzeige! Jedoch Franz Meyer hieße nicht Franz Meyer, wenn er sich nicht zu helfen wüsste. Beim ersten Gerichtstermin fragte der Richter meinen Vater nach seinem Namen. Der stellte sich blöd! Stumm stand er da. Kein Wort kam über seine Lippen. Der Richter wurde ungeduldig und fragte erneut:
„Sagen sie mir bitte, wie sie heißen!"
Endlich sagte Vater:
„Herr Richter, ich weiß es nicht!"
„Sie wissen nicht wie sie heißen?"
„Nein, Herr Richter, ich grübele doch schon die ganze Zeit, aber mir fällt er beim besten Willen nicht ein!"
„Aha", staunte der Richter, „und warum sind sie hier?"
„Wenn ich das wüsste!"

„Wie, sie wissen nicht, warum sie hier sind? Ja, was wissen sie denn?"

Vater hob die Schultern.

Allmählich wurde es dem Richter zu bunt, und er rief sehr ungehalten:

„Jetzt zählen sie mal bis Zehn!"

Vater hob seine Hände etwas hoch, dann nahm er die rechte Hand und fing ganz langsam an, die Finger an der linken Hand zu zählen. Beim dritten Finger verhedderte er sich und fing wieder von vorn an zu zählen. Bis er diesmal beim vierten Finger stockte.

Dem Richter blieb die Spucke weg.

„Herr Meyer", schrie er außer sich, „sind wir hier im Irrenhaus?"

Ein Lächeln huschte übers Vater Gesicht, ihm ging ein Licht auf, und er sagte übermäßig leise und höflich:

„Oh, danke, euer Ehren, ich heiße also Meyer!"

Dem Richter wurde es zu bunt: „Schaffen sie mir diesen Menschen vom Hals!"

Er stand auf und unterbrach die Sitzung.

Nach ein paar Tagen wurde Franz Meyer nach Hause entlassen.

So wahr mir Gott helfe, diese Geschichte oder so ähnlich hat Mutter mir immer und immer wieder erzählt, als ich schon erwachsen war.

Hamstertaschen und Tauschhandel:

Die Menschen, die in der Stadt lebten, konnten sich kaum selbst versorgen. Es sei denn, sie hatten ein Haus mit Garten oder einen Schrebergarten. Die anderen mussten übers Land ziehen und versuchen durchs Hamstern oder Tauschgeschäfte an Lebensmittel zu kommen.

Soviel Besuch aus Hamburg wie im und nach dem Kriege hatten wir später nie mehr. Sie kamen mit leeren Taschen und fuhren mit vollen nach Hamburg zurück. Mamas Verwandtschaft hatte ihre Wohnungen bei den Bombenangriffen auf Hamburg verloren.

Wer einen Schrebergarten besaß, hatte noch Glück im Unglück und baute sich ein Behelfsheim drauf, wie mein Opa Schmüser. Meine Großtante Henny verlor ihre Wohnung mitsamt ihrem Kolonialwarenladen in der Osterbekstraße. Auf der anderen Seite des Osterbekkanals in der Hufnerstraße bekam sie eine ausgebaute Kellerwohnung zugewiesen, in der sie viele Jahre wohnte.

Tante Thea und Onkel Willi richteten sich mit ihren Kindern so gut es ging in einer Nissenhütte (halbrunde Wellblechhütte) ein, die mitten auf der Bugenhagenstraße stand.

Überraschend stand Opa Schmüser völlig ausgehungert eines Nachmittags in der Tür. Im Backofen stand noch vom Mittagessen eine Gemüseschüssel randvoll mit Kartoffelmus. Es war nicht Mamas Spezialität, deshalb war auch so viel übriggeblieben. Nicht nur mir, auch meinen Brüdern schmeckten Mutters Stampfkartoffeln nicht besonders. Um ehrlich zu sein, der dicke, trockene Kleister blieb uns im Hals stecken. Nicht so bei Opa Schmüser. Er wollte nicht einmal einen Teller. Der Ofen war schon aus und die Pampe lauwarm. Mama wollte den Ofen anmachen.

„Ne, brauchst du nicht, komm gib her!"

Sie stellte die Schüssel vor ihm hin, er nahm eine Gabel und verschlang die trockene Masse innerhalb von wenigen Minuten, so dass selbst Mama sich wunderte. Mutter war sehr freigiebig und gab allen Verwandten – soviel sie irgendwie entbehren konnte – mit auf den Weg. Na ja, die armen hatten ja auch nichts – gar nichts.

Seltsam benahm sich Onkel Günther mit seiner jungen Frau: Wenn die auftauchten, um zu hamstern, saßen sie stundenlang auf der Bank am Küchentisch, betatschten sich nicht nur ständig, sondern küssten sich auch ununterbrochen. So ein Schauspiel hatte ich noch nie gesehen. Ständig musste ich zu ihnen rüberschielen.

Sie alle und noch andere waren ständig unsere Gäste.

Tante Henny halfen wir freiwillig beim Tragen. Zu Fuß brachten wir sie zum vier Kilometer entfernten Bahnhof nach Schwarzenbek.

Als es endlich wieder mehr zu kaufen gab, haben wir die lieben Verwandten nie wieder gesehen. Jedenfalls nicht in Kollow!

Nur Tante Henny, sie war anders. Sie besuchte uns auch weiterhin in Kollow.

Was wir nicht selber im Garten oder im Stall hatten, wurde eingetauscht. Kein Handel florierte besser als der Tauschhandel. Wenn mein Vater für die Bauern Stiefel anfertigte, ließ er sich Waren dafür geben, die wir selber nicht hatten. – Meine Mutter war Weltmeisterin im Tauschen, kaum etwas, was Mutter nicht irgendwann anschleppte, ob Klamotten für uns oder Spielsachen, die gab es natürlich nur zu Weihnachten.

Und so manches Mal schleppte sie auch wieder etwas fort, was weder uns noch Vater recht war. Vater, der ein Meister an der Schuster-Nähmaschine war, dachte sich eines Tages – Mutter könnte ja auch mal eine richtige Nähmaschine gebrauchen, um nette Sachen für uns zu nähen. Es dauerte nicht lange, und er hatte eine sehr gut erhaltene, ja fast neue Nähmaschine von Pfaff ergattern können. Wie sehr Vater sich auch bemühte, ihr das Nähen beizubringen, Mutter hatte einfach mit Nähen nichts am Hut. Dafür strickte sie lieber Mützen, Schals, Socken und Handschuhe für die ganze Familie. Das war ja auch ganz schön anstrengend.

So stand die neue Nähmaschine eine Zeit lang unnütz herum. Bis Mutter einen neuen Standort für sie gefunden hatte: bei Tante Gertrud. Die hatte zwar keine Kinder, dafür aber viel mehr Platz. Man sagte: Fast geschenkt hätte sie die Nähmaschine bekommen. Selten habe ich Vater so böse gesehen!
Arnolds Eltern tauschen einen Anzug ihres gefallenen Sohnes Otti gegen ein Grundig-Radio ein. Doch das brachte ihnen kein Glück. Nur ein paar Tage später wurde es ihnen bereits wieder aus der Wohnung gestohlen.

Traurig war es schon, wie es so mancher Bauer mit den Tauschgeschäften übertrieb und die verzweifelten Menschen bis aufs Blut aussaugte. Einmal wollte ein Hamburger für den goldenen Ehering seiner Frau ein einziges Hühnerei haben. Der Bauer war einverstanden, doch seine Frau sprach ein Machtwort! Sie gab ihm das Ei und den Ehering durfte er behalten. An manchen Tagen wurde Kollow von den Hamsterern aus Hamburg regelrecht überschwemmt. Aus jedem Omnibus, der aus Schwarzenbek kam, strömten die armen, verzweifelten und ausgehungerten Menschen durch Kollow.
Das nutzte so mancher Bauer aus und tauschte wertvollen Schmuck, echte Teppiche oder kostbares Geschirr für einen Appel und ein Ei ein. Die Hamburger schleppten so ziemlich alles an.

Mundraub: Mit frischem Obst und Gemüse versorgten wir Kinder uns selbst. Was nicht in unserem eigenen Garten wuchs, besorgten wir uns aus den großen Gemüsegärten der Bauern. Als Ewald noch zu Hause wohnte, übernahm er das Besorgungskommando.

59

Früh morgens, in der ersten Morgendämmerung, lange bevor die Sonne aufging und Kollow noch im tiefsten Schlaf versunken war, weckte Ewald den Butz und Nauke mit den Worten:

„Aufstehen, es geht los!"

Verschlafen torkelten die beiden dann wenig später los. Abends hatten sie alles bis ins Detail besprochen, – welcher Bauerngarten heute dran war und in welchem die ersten Erdbeeren dieses Jahres schon reif waren. Butz stand Schmiere und Nauke pflückte so schnell er konnte. Als der kleine Spankorb mit köstlichen Erdbeeren voll war, liefen sie so schnell sie konnten wieder nach Hause. Es war mal wieder gutgegangen; keiner hatte etwas bemerkt. Die Bauern schienen um diese Zeit auch noch zu schlafen. Ewald saß bereits aufrecht im Bett, als die beiden ihm den Korb mit den köstlichen Erdbeeren übergaben. Inzwischen hatte er auch Lilla und mich geweckt und machte sich an die Arbeit, die Erdbeeren unter uns zu verteilen, wobei er sich zwischendurch selbst die Schönsten und Größten in den Mund schob.

„He, was machst du da?", schnauzte Nauke den Ewald wütend an, „das ist ungerecht, schließlich haben wir die Erdbeeren besorgt!"

„Wieso?", mit breitem Lächeln verteidigte er seine Selbstbedienung, „vergiss nicht, die Idee ist von mir, und außerdem bin ich der Ältere unter uns."

Das mussten die beiden schlucken. Ewald war nicht nur der Ältere, auch der Stärkere – immerhin vier Jahre älter als Butz. Er hatte das Sagen!

Wenn wir dann zum Frühstück 'runtergingen, hatten wir bereits unseren ersten Vitaminstoß intus.

In unserem Garten war kaum Platz für Erdbeeren. Um unsere Mäuler zu stopfen, wurde überwiegend Gemüse angepflanzt. Außer ein paar Reihen Frühkartoffeln waren auch die Kartoffeln aus unserem Garten verbannt. Für sie hatte Vater einen Morgen Land gepachtet.

Endlich, der August läutete die Apfelsaison ein. Wir konnten es kaum abwarten, uns die ersten reifen Äpfel vom Baum zu holen.

„Esst erst die Äpfel, wenn ihre Kerne braun sind, sonst bekommt ihr Bauchschmerzen!", warnte Mutter uns.

Günstig, die Obstwiese vom Bauern Willi Schmid lag zwischen unserer Mooskate und dem Hof des Bauern Braasch. Ein prächtiger Augustapfelbaum stand gleich hinterm Zaun neben der Straße. Seine großen grünen Äpfel lachten uns entgegen.

Ich brauchte Liesbeth, einer Schulfreundin von mir, nur meinen Wunschapfel zu zeigen, der mich verführerisch anlachte. Sie hob ein paar passende Steinchen vom Boden auf, zielte und schon beim ersten Wurf fiel der Apfel, egal wie hoch er hing, zu Boden. Ende August lockte bereits der wohlschmeckende Gravensteiner. Er stand auf der anderen Seite der Straße zwischen dem Bauerngarten und dem Schweinestall. Schon beim ersten Biss lief uns der frische Saft aus den Mundwinkeln. Jedoch der Zippelappel mit seinem süßen, saftigen Fleisch war mein Lieblingsapfel. Aber nur frisch vom Baum schmeckte er am besten. Es war kein Apfel, den man lange lagern konnte. Der Zippelappelbaum stand bei uns auf dem Hof. Daneben stand die Bürgermeisterbirne. Ende Oktober beendete der Weihnachtsapfel mit seinen tiefroten Backen die Apfelsaison. Natürlich haben wir uns das meiste Obst nicht legal besorgt. Meistens stand ich Schmiere, während Liesbeth die Früchte vom Baum holte. Mundraub nannten wir es! So kamen wir gut über die Runden. Nur der Winter, der war hart. Manchmal brachte Mutter von ihren Tauschgeschäften den Boskopapfel mit, den wir dann im Backofen schmorten. Ansonsten war es schwierig für mich, Rohkost zu essen. Wie oft stibitzte ich mir aus der Rübenmiete vom Bauern Uhrbrock eine Steckrübe. Nauke half mir, sie zu zerkleinern. Davon aß ich dann nur das obere Drittel, das war besonders zart. Erwischt hat man uns nie.

Nur wegen einer Pflaume: Für Iris war es weitaus schwieriger als für mich, an frisches Obst zu kommen. Der Bauer, bei dem sie wohnte, war auf der Hut. Um nicht zu sagen, er war böswillig, geizig und brutal!
Ein einziges Mal wagte Iris von einem kleinen Pflaumenbaum, der beim Bauern im Hof stand, eine Pflaume zu pflücken. Lange stand sie vor dem Baum und betrachtete die süßen reifen Pflaumen, bis sie der Verlockung nicht mehr widerstehen konnte. Sie schaute nach links, dann nach rechts, niemand war zu hören oder zu sehen. In Sekundenschnelle ergriff sie eine Pflaume und biss gierig hinein. Plötzlich bewegte sich jemand im Garten, der an den Hof grenzte. Lauthals schreiend mit erhobener Faust kam der Bauer angelaufen. Voller Panik drehte Iris sich um, lief ins Bauernhaus, rannte über die Diele, öffnete die Tür zur Küche und stand angsterfüllt vor ihrer Mutter, die der Bauersfrau bei der Küchenarbeit half.

Beide Frauen schauten verwundert auf die kleine Iris, die die angebissene Pflaume krampfhaft in ihrer Hand hielt. Bevor überhaupt jemand den Mund aufmachen konnte, erschien der Bauer mit Gepolter in der Küche. Ohne ein Wort zu verlieren, kniete er sich vor Iris und knallte ihr eine gehörige Backpfeife. Iris Mutter, die die Pflaume in der Hand ihrer Tochter entdeckte, stand geschockt daneben. Als sie sich einigermaßen wieder gefangen hatte, sagte sie bitter: „Wie kann man nur ein Kind wegen einer Kleinigkeit derart schlagen."

„Kleinigkeit?", wiederholte der Bauer, „Luther hat seinen Sohn wegen einer einzigen Nuss blutig geschlagen!"

Da hat der Bauer etwas verwechselt. In der Luther- Biografie heißt es:

"Mein Vater stäupte mich einmal so sehr, dass ich ihn floh und ward ihm gram, bis er mich wieder zu sich gewöhnte.

Die Mutter stäupte mich einmal um einer geringen Nuss willen, dass das Blut danach floss."

Auf jeden Fall war für Brigittes Mutter jetzt endgültig Schluss mit lustig. Ab sofort kochte sie ihr Süppchen und ihre Kartoffeln selber. Von der Bäuerin bekam sie einen kleinen Tisch, den sie in eine Ecke der Küche stellte und sie nahmen ihre ohnehin kargen Mahlzeiten getrennt von der Bauernfamilie ein. Das war ihre kleine Rache. Ansonsten war sie ja weiterhin vom Bauern abhängig.

Manche Bauern waren mit ihrem Geiz kaum zu überbieten. Ein Dorfbewohner erzählte:

„Als wir in den Bombennächten bei einem Bauern in der Nachbarschaft mit ihnen im Keller saßen, schwelgte die gesamte Bauernfamilie vor unseren Augen im Genussrausch. Sie ließen es sich bei fetten Wurstbroten und Schnäpsen so richtig gut gehen. Uns lief beim Anblick dieses Genusses das Wasser im Munde zusammen. Glaub' man ja nicht, dass er uns gefragt hat, ob wir auch was möchten, geschweige denn uns etwas angeboten. Nein, seelenruhig schmatzten sie uns was vor!"

Das nenne ich unmenschlich!

Auch Bauer Willi Schmidt und speziell seine Frau Martha waren an Geiz kaum zu überbieten. Ich habe noch die große Futtertonne vor Augen, die im Vorraum des Schweinestalls stand. In ihr lag altes verschimmeltes Brot, eingeweicht in eine graue Brühe.

„Sieh mal", sagte Mutter zu mir, als wir an der offenen Stalltür vorbeikamen, „die geizige Schmidt lässt lieber das Brot verschimmeln, als es den armen Menschen zu geben!" Schweine bekamen eben alles zu fressen, auch verschimmeltes Brot. Ob das gut war?

Die Diebin: So war es nicht verwunderlich, dass so manch einer aus dem Dorf auf seltsame Ideen kam. Eine Nachbarin aus dem Jungfernstieg nahm sich einfach, weil sie freiwillig nichts bekam, was sie brauchte. Sie war mit ihrer Tochter auf dem Weg nach Schwarzenbek, um dort ihre Eltern zu besuchen. Auf dem Hof von Willi Schmidt kannte sie sich gut aus.

Sie war eine gute Beobachterin und wusste genau über den Tagesablauf des Bauern Bescheid: Wann die Leute im Stall zu tun hatten, oder wann sie zu Abend aßen. Als Mutter und Tochter auf Höhe des Schweinestalls angekommen waren, sagte sie zu ihrer Tochter: „Bleib hier bitte stehen und pass auf, dass keiner kommt!" Das heißt: Ihre achtjährige Tochter musste Schmiere stehen. Vielleicht waren sie ja auch ein eingearbeitetes Team. Die Mutter schlich von der Seite in den Hühnerstall, der neben dem Schweinestall lag, schnappte sich ein Huhn, drehte ihm den Hals um und steckte es in ihre mitgebrachte Tasche. Zufrieden sagte sie später, als sie bereits Kollow hinter sich gelassen hatten: „Da wird sich Oma aber freuen!" Was hatte mein Vater mir noch gesagt?

„Pass auf das Seil auf, die Leute klauen wie die Raben!"
Es waren bestimmt nicht immer nur die Fremdarbeiter, die für die Einbrüche zuständig waren!

Eine Flüchtlingsfrau erzählte:

„Ich wollte im Lebensmittelladen einkaufen. Doch ich war zu früh. Es war noch geschlossen. Weil bereits das Licht brannte, wartete ich. Zwischen den zugezogenen Vorhängen sah ich durch einen Schlitz den Kaufmann an seinem Ladentisch stehen. Vor ihm lagen Butterpakete, deren Verpackungen auf einer Seite geöffnet waren. Vorsichtig schnitt der Kaufmann mit einem Messer von jedem Paket ein Stück Butter ab, die er in eine Schüssel abstrich. Geschickt schloss er danach jedes einzelne Paket wieder." Gesagt hat sie nichts, als sie später den Laden betrat. Sie hatte Angst! Also, das war ja weder Eintauschen noch Mundraub. Das war frech!

Es gab auch großzügige Bauern mit viel Herz für die Armen. Als Ingeborg im März 1947 konfirmiert wurde, statteten ihre Gastgeber ihre Konfirmation aus. Vom Sohn Herbert wurde Ingeborg mit der Kutsche nach Gülzow zur Kirche gefahren.

Anschließend gab es für sie und ihre Gäste ein reichhaltiges Mittagessen sowie zur Kaffeezeit Kaffee und Kuchen. Das nenne ich nicht nur menschlich, sondern sehr großzügig!

Auch Bäuerin Tretau hatte ein Herz für die Armen. Mehrmals in der Woche stellte ihre Tochter Mariechen eine dunkle Flasche mit Milch in die Mülltonne vor ihrer Haustür. Sie war für Familie Marbs bestimmt. Damit es keiner mitbekam, holte Arnold die Milch erst, wenn es dunkel war.

Außerdem pflegte sie ein gutes nachbarschaftliches Verhältnis, nicht nur mit Frau Marbs sondern auch mit einigen Flüchtlingsfrauen aus dem Dorf. Ständig lud sie die Damen zum Kaffeekränzchen ein. Sie verwöhnte ihre Gäste mit selbstgebackenem Kuchen und echtem Bohnenkaffee – dachten die Frauen. Denn er schmeckte wie echter Kaffee und nicht wie Muckefuck, der an der Tagesordnung war. Irgendwann verriet Frau Tretau ihren Gästen ihr Kaffeerezept. Sie nahm getrocknete Erbsen, röstete sie und mahlte sie dann zu feinem braunen Pulver. „Aber der schmeckt wirklich wie echter Bohnenkaffee", sagte staunend eine Frau. Wahrscheinlich wusste keiner mehr so richtig, wie echter Kaffee schmeckte! Auf jeden Fall war es ein eiweißreiches Getränk.

Dorftratsch

Eine weit verbreitete Angewohnheit war, über andere Dorfbewohner zu tratschen. Doch wenn es ums Nachbardorf ging, waren sich alle wieder einig, dann wurde gemeinsam übers Nachbardorf getratscht. Witzig!

Gleich morgens, sobald die Poststellte bei Harms geöffnet hatte, drückte Lehrer Becker dem Arnold die Schulpost in die Hand. Es brauchte keine weiteren Worte. Arnold wusste Bescheid, er war schon seit Langem der Schulbote für Hermann Becker. Schnellen Schrittes lief er zur Post. Mehrere Hausfrauen standen bereits hinten in der Diele vor dem Postschalter und palaverten wild durcheinander. Als Postschalter diente eine Verbindungstür mit Schalterbrett zwischen Diele und Hausflur.

„Moin!", grüßte Arnold höflich und verbeugte sich und stellte sich hinten an.

Die lieben Dorftanten waren so in ihre Diskussion vertieft, dass sie ihn gar nicht bemerkten.

„Tja, wer unerlaubt Schnaps brennt und Schweine schlachtet, darf sich nicht wundern, wenn er angezeigt wird", ließ eine Dorftante in einem selbstgefälligen Ton verlauten.

„Waren Sie es etwa, die vor Kurzem einen Familienvater angezeigt hat?", fragte eine andere mit spitzer Zunge. Den Namen des Angezeigten nannte sie nicht.

„Aber nein, wo denken Sie denn hin", verteidigte sie sich.

„Naja, Sie wohnen ja in seiner Nähe!", stellte eine dritte Dorftante fest.

„Na und? Das heißt doch nicht, dass ich es war!", verteidigte sie sich vehement.

„Ich finde es unerhört, einen Nachbarn und noch dazu einen, der viele Kinder hat, anzuzeigen und ins Unglück zu stürzen", meinte die zweite Dorftante.

Eine vierte, die bisher still war, gab ihren Senf in einem barschen Ton ab:

„Soll doch jeder machen, was er will, ich möchte jetzt endlich meine Post loswerden!"

Endlich kam auch Arnold an die Reihe und gab seine Post ab.

Auf dem Weg zurück zur Schule fiel Arnold eine Geschichte seiner Mutter ein. Während des Krieges war er mit ihr nach Hamburg zu seinem Bruder Otti gefahren, der sich in der Soldaten-Ausbildungskaserne in Harburg befand. Mit Essen und Naschwerk wollten sie ihm sein Leben etwas versüßen. Gottlob war die Kaserne noch nicht zerbombt und Otti freute sich riesig über den Besuch seiner Mutter und seines kleinen Bruders.

Zwei Tage hatten sie für dieses Unternehmen gebraucht, nur um hin- und auch wieder zurück nach Hause zu kommen. Eine Strecke fuhren sie mit dem Zug, dann ging es weiter mit einem Lastwagen, der sie freundlicherweise mitnahm; selbst ein Rettungswagen erbarmte sich ihrer und nahm sie auf ein kurzes Stück mit. Zurück mussten sie über die Elbe mit einer Fähre schippern. Jede Möglichkeit, die sich ihnen bot, nutzten sie, um weiterzukommen.

Auch zu Fuß mussten sie sich streckenweise fortbewegen, vorbei an brennenden Häusern, verletzten Menschen und abgerissenen Straßenbahnleitungen.

Selbst über Schutt und Steine mussten sie steigen. Die vielen Trümmer waren ihre ständigen Begleiter. Zwischendurch mussten sie sich immer wieder wegen Bombenalarm in Schutzkellern oder Bunkern in Sicherheit bringen.

Froh, diesen Höllenritt unbeschadet überstanden zu haben, erreichten sie endlich am nächsten Tag wieder Schwarzenbek. Ein freundlicher Bauer nahm sie in seiner Kutsche mit nach Kollow.

Und dieser Bauer hatte nicht anderes zu tun, als hinterher in Kollow das Gerücht zu verbreiten: Arnolds Mutter hätte sich die ganze Zeit in Hamburg rumgetrieben, obwohl ihr Mann an der Front war. Das nennt man Tratsch!

Das war Dorftratsch in seiner schlimmsten Form!

Ewiger Trotzkopf

Mein erster Kuss: Nur, weil Mutter allein nach Gülzow wollte, um die Gräber meines Opas und meiner Schwester Gerda in Ordnung zu bringen, ging mal wieder mein Dickkopf mit mir durch.

„Ich will aber mit!", plärrte ich rum.

„Diesmal kannst du nicht mitkommen! Hörst du? Heute muss ich schnell wieder zurück sein!"

66

Mein Betteln und Heulen nützte nichts. Mutter zog allein los. Nachdem sie gegangen war, nahm ich meine Puppe und setzte mich draußen im Schatten unter einen Baum. Da ich eigentlich mit Puppen nie viel anfangen konnte, kam mir eine viel bessere Idee. Ich ging zurück ins Haus, füllte Wasser in unsere Waschschüssel und wusch mir Gesicht und Hände. Aus dem Schlafzimmerschrank holte ich mir mein Sonntagskleid und zog es an. Das hatte Mutter uns beigebracht: Wollte man ein anderes Dorf besuchen, sollte man immer schön angezogen und sauber sein, damit man keine Schande übers eigene Dorf bringt. Trotzig stand ich vor dem Schlafzimmerspiegel, um zu sehen, ob ich jetzt sauber und ordentlich aussah und dachte mir, weil Mama mich nicht mitgenommen hat, laufe ich eben allein hinterher! Voller Entschlossenheit stiefelte ich los. Am Ende des Jungfernstiegs bog ich nach rechts in die Hauptstraße, das war die Richtung nach Gülzow.

Am Ende des Dorfes verließ ich die mit Kopfstein gepflasterte Dorfstraße und überquerte eine Brücke, die über die Linau führte, ein kleiner Bach, der träge durch die Wiesen dahinfloss.

Endlos schlängelte sich die schmale Chaussee, gesäumt von Feldern, Hecken und wilden Apfelbäumen, dahin. Unbarmherzig knallte mir die Mittagshitze auf den Kopf. Schweißperlen bildeten sich auf meiner Stirn. Ich hatte Durst. Der Weg nahm und nahm kein Ende. Kein Pferdefuhrwerk ließ sich blicken. Niemand war zu sehen oder zu hören. Ich war allein auf weiter Flur. Nur ein Vogel gab hin und wieder einen schwachen piepsigen Laut von sich. Die ganze Welt um mich herum schien in der Mittagshitze zu ruhen. Ich schaute mich um, Kollow war genau so weit entfernt wie Gülzow. Mutlos geworden trippelte ich mitten auf der Straße langsam weiter. Endlich sah ich aus der Ferne eine Gruppe Menschen auftauchen. Je näher wir uns kamen, erkannte ich drei größere Jungs. Mir wurde mulmig zumute. Für mich waren Jungs immer frech, wenn nicht sogar bösartig. Nicht nur meine Brüder, auch die anderen Dorfjungs hatten ständig irgendwelche Streiche im Kopf. Und die, die mir entgegenkamen, kannte ich nicht einmal. Angst kroch in mir hoch, je näher ich ihnen kam. Mein Herz rutschte mir in die Hose. Sie kamen direkt auf mich zu und umzingelten mich. Herausfordernd stand plötzlich ein Junge vor mir und schaute mich ganz erstaunt an:
"Was machst du denn hier allein auf weiter Flur? Ja, wo willst du denn überhaupt hin?"

Nun kullerten mir die Tränen über beide Backen, und ich antwortete ganz schüchtern:
„Ich will zu meiner Mutter."
„Ja, wo ist deine Mutter denn?", er drehte sich nach allen Seiten um und fuhr fort, „ich sehe niemanden."
„Die ist auf dem Friedhof, bei meinem Opa am Grab."
„ Aber wieso gehst du denn allein und nicht mit ihr zusammen? Wie alt bist du eigentlich?".
„Sieben Jahre, meine Mutter wollte mich nicht mitnehmen, deshalb lauf ich allein hinterher!"
Er schmunzelte: „ Ja, kennst du denn den Weg?"
„Bis Gülzow ja."
Nun schaute er mich ganz lieb an, streichelte mir übers Haar und sagte mit weicher Stimme:
„Du bist aber ein mutiges Mädchen." Mit der rechten Hand wischte er mir eine Träne fort, bückte sich und gab mir einen Kuss auf die Wange, seine blonde Locke streichelte meine Stirn.
„Na ja, wenn du in Gülzow bist, kannst du ja fragen, wo der Friedhof ist." Dann zogen die Jungs weiter.
Mein erster Kuss von einem fremden Jungen hat mich derart berührt, dass ich noch etliche Jahre diesen kräftigen blonden Bauernjungen mit seinem blonden Lockenkopf und seinen roten Backen im Herzen trug.

Mama, mir schmeckt's nicht: Lustlos stocherte ich in meinem Essen herum. Obwohl ich Hunger hatte, blieb mir jeder Bissen im Halse stecken. Ich wunderte mich, dass meine Brüder alles weggeputzt hatten und am Ende auch noch genüsslich den Teller ableckten. Mutter hatte bereits die Schüssel zum Abwaschen hergeholt.
„Moni", sagte sie ungeduldig, „ iss endlich auf, ich will abwaschen."
„Ne, ich krieg es nicht runter", erwiderte ich störrisch.
„Und wieso nicht?"
„Na siehst du nicht, was da in der Soße schwimmt?", ich fischte eine harte Schlote heraus, so nannten wir die Schutzhülle, in der das einzelne Korn steckte, und zeigte sie Mutter, „Wie kommen die da rein, Mama?"
„Ach die, ich hab die Soße mit Kaffee verlängert!"
„Die waren doch noch nie in der Soße."

„Heute habe ich den Kaffee nicht durch ein Sieb gegossen, stell dich nicht so an, wir haben sie schließlich auch mitgegessen." Ich schob den Teller zur Seite. Sie schob ihn mir wieder hin. „Heute gehst du nicht eher raus, bist du dein Essen aufgegessen hast!"

So ging es noch eine Weile hin und her, bis sie den Teller nahm und ihn mit den Worten aufs Regal stellte: „Heute Abend bekommst du ihn wieder!"

Das wollen wir mal sehen, dachte ich, sagte aber lieber nichts und ging raus, schnurstracks in den Garten, mein Paradies.

Mein Magen knurrte vor Hunger. Eilig lief ich zum Karottenbeet. Mit dem Zeigefinger schob ich etwas Erde von einigen Karotten beiseite, die bereits aus der Erde lugten und zog dann die größte heraus, ging zur Regentonne und wusch sie ab.

Nachdem ich sie verputzt hatte, pflückte ich mir ein paar Erbsenschoten, knackte sie mit Daumen und Zeigefinger und ließ die zuckersüßen Perlen genüsslich im Mund verschwinden. Dann entfernte ich die Innenhaut der Schoten und aß auch sie.

Als Letztes pflückte ich mir die größte und reifste Tomate und verschwand mit ihr auf der Koppel nebenan, setzte mich hintern Knick und ließ es mir gut gehen. Schmeckte mir sowieso viel besser als das komische Mittagessen. Erlaubt war es ja nicht, ich meine, den Garten zu plündern, denn wenn meine Brüder es auch noch tun würden, hätten wir am Ende ja nichts mehr zum Ernten. Bevor ich mich abends wieder blicken ließ, pflückte ich mir noch eine Handvoll schwarzer Johannisbeeren, das durfte ich, die wollte ich zum Abendbrot mit Ziegenmilch essen. Mutter stellte mir doch tatsächlich den Teller vom Mittag wieder vor die Nase. Das war etwas völlig Neues. So resolut kannte ich sie nicht. Wenn ich etwas partout nicht essen wollte, stritten sich doch meistens meine Brüder darum, jedenfalls wenn es ums Fleisch ging oder sie gab es den Schweinen zu fressen. „Milch für deine Johannisbeeren bekommst du erst, wenn du das Essen aufgegessen hast!"

Ich fing an zu heulen: „Mama, ich werde an diesen komischen Schloten ersticken. "Die Schloten wurden ja eigentlich vorm Rösten für den Muckefuck, (Ersatzkaffee) entfernt. Mutter hatte eine Billigvariante gekauft, schmiss davon einen Esslöffel in den Kaffeekessel und ließ ihn auf dem Herd vor sich hin dampfen.

Jeder bediente sich dann selbst, wenn er Kaffeedurst hatte. Nur durch ein Sieb musste er gegossen werden. Am Ende ließ sie sich doch noch erweichen und nahm endlich den Teller weg.

Musik liegt in der Luft

Kollow: ein fröhliches Dorf. Wie schon erwähnt, man hielt sich mit einem Köm und einer selbstgedrehten Zigarette bei Laune. Auch wurde wieder viel geschwoft im Dorf. Mindestens einmal im Monat fanden die Kollower einen Grund, Tanzen zu gehen. Bei zwei Gaststätten, die sich stets abwechselten, gab es ja keinen Engpass. Ansonsten war ja auch noch das Wanderkino da. Einmal die Woche gastierte das Kino „Klumps Lichtspiele" im großen Saal von Schnackenbeck. Heizmaterial war immer noch knapp. Beim Tanzvergnügen war es kein Problem. Da tanzte man sich warm, so dass der Saal nach einer Weile kochte. Doch zwei Stunden im kalten Saal stillsitzen, das war nicht so angenehm.
So brachte jeder Kinobesucher ein Stück Holz mit, um damit den großen Kanonenofen zu füttern. Arnold bastelte sich mit Horst einen Wagen und karrte damit Tannenzapfen aus dem Wald als Brennmaterial für die Kinovorstellung heran.

Einem jungen Burschen aus dem Dorf fiel bei einer Maskerade eine junge zierliche Frau in einem Rotkäppchen-Kostüm auf. Er war von ihr derart angetan, dass er ständig versuchte, mit ihr zu tanzen. Das war nicht leicht, denn auch andere junge Burschen entführten sie zum Tanz. So geschah es an diesem Maskenball, dass der Stuhl des Rotkäppchens oft leer war, wenn der besagte Tanzkavalier nach einer Tanzpause auftauchte. Selig hielt er sie dann in den Armen, wenn er sie noch rechtzeitig für den nächsten Tanz auffordern konnte und tanzte wie wild alle drei Tänze bis zur nächsten Pause mit ihr. Er konnte die Demaskierung um Mitternacht kaum abwarten, begierig darauf, dieses hübsche junge Mädchen, die auch noch so gut tanzen konnte, kennen zu lernen. Völlig bedeppert stand er dann Punkt zwölf vor dem Rotkäppchen, als sie ihre Maske mit einem spitzbübischen Lächeln abnahm. Es war kein junges Mädchen. Es war Franziska Meyer, Mutter von sechs Kindern.
Mutter war ein geselliger Mensch und ließ kaum eine Veranstaltung sausen.

70

Hin und wieder setzte Vater sich abends in der Wohnstube ans Klavier und spielte wunderschöne Melodien. Ein Sofa, zwei Sessel, ein Couchtisch und ein Büfett sowie ein Klavier und ein Kachelofen standen in der Stube. Mehr Platz war nicht. Das Wohnzimmer wurde nur am Sonntag und an Feiertagen sowie Festtagen benutzt, außer, wenn Vater sich dort mit seinen Skatbrüdern traf oder wenn er am Klavier saß. Ganz still saßen wir um den Küchentisch und lauschten andächtig. Er spielte so leicht, so schön, ganz ohne Noten und stets im schummrigen Licht. Je nach dem Stück, was er spielte, merkten wir, in welcher Stimmung er sich gerade befand. Mal lustige Volks- oder Operettenlieder, mal melancholische klassische Musik. Für mich klang alles wunderschön, was Vater spielte.

Auch ich setzte mich mal ans Klavier und versuchte den Klaviertasten brauchbare Töne abzugewinnen. Doch so sehr sich Nauke bemühte es mir beizubringen, – er spielte bereits Akkordeon – mehr als Hänschen klein, konnte ich nicht zu spielen. Ich war einfach nicht begabt. Ewald und Nauke waren da schon begabter. Selbst Mutter kaufte sich eine Mundharmonika und übte fleißig. Weil Ewald besonders talentiert war, schickte Vater ihn aufs Konservatorium nach Hamburg. Ob Geige oder Trompete, Akkordeon oder Klavier, bei uns lag ständig Musik in der Luft.
Manchmal nahm Ewald die Trompete und blies ein Lied in unserem Kinderzimmer am offenen Fenster über die Dächer von Kollow. Ich suchte mir dann das passende Notenblatt heraus und sang den Text zur Melodie aus voller Kehle mit. „Wenn bei Capri die rote Sonne im Meer versinkt", war mein Lieblingslied. Natürlich konnte ich keine Noten lesen, aber den Text. Freunde von Ewald durften, wenn sie bei uns waren, auch mal ein paar Töne auf der Trompete blasen.

Mein kleiner Bruder Rolfi beschallte später, als er sechs Jahre alt war, das Dorf mit einer völlig anderen Klangart. Er nahm sich eine leere Konservendose, an der Nauke links und rechts zwei Bänder befestigt hatte, die er Rolfi um den Bauch band, drückte ihm zwei selbst geschnitzte Trommelschläger in die Hand und Rolfi marschierte trommelnd durchs Dorf. Mit einer Inbrunst schlug er unermüdlich aufs Blech ein. Sein Kopf wackelte im Takt dazu. Nicht auszuhalten!

Es nützt das beste Talent nichts, wenn der Schüler zu faul zum Lernen ist. Am Anfang war Ewald noch Feuer und Flamme. Doch die Zeiträume, die er dem Unterricht fernblieb, wurden immer länger. Er blieb nicht einfach zu Hause, nein, das hätte ja Vater gemerkt. Schließlich zahlte der die Zeche für den Unterricht. Ewald strolchte immer öfter in der Gegend umher. Bis eines Tages der Brief von der Schule ins Hause flatterte. Papas Enttäuschung war sehr, sehr groß. Nun ging sein großer Traum – einen studierten Musiker in der Familie zu haben – nicht in Erfüllung. Vater hätte in seiner Jugend selbst gern Musik studiert, nur dafür war weder Geld noch Zeit vorhanden. Der kleine Bauernhof seiner Eltern warf gerade mal so viel ab, um die achtköpfige Familie zu ernähren. So bestand Vaters Kindheit aus Schule und Kühe hüten und was sonst noch alles auf dem Bauernhof zu tun war. Wohl oder übel musste er Ewald wieder von der Schule nehmen. Trotz alledem blieb für Ewald die Musik ein wichtiger Bestandteil seines Lebens. Bis an sein Lebensende war Ewald Mitglied in einer Dorfkapelle, in der er verschiedene Instrumente spielte, jedoch hauptsächlich Schlagzeug. Nicht nur bei uns Meyers lag ständig Musik in der Luft. Kollow war musikalisch. Vom Klavier über Trompete bis hin zum Quetschkasten (Akkordeon) hatten viele Haushalte ein Instrument. Wer gar nichts hatte, der nahm einen Kamm, legte ihn zwischen dünnes Papier, und blies darauf eine Melodie.

Ingeborg erinnert sich:
„An lauen Sommerabenden saßen wir in bunter Runde auf den Milchböcken, die an der Straße vor den Höfen standen. Manchmal kam Bruno Borries mit seiner Quetsche und spielte darauf schöne Lieder. Wir haben mitgesungen und dabei geschunkelt!"
Herbert Schnackenbeck, der auch in der Kollower Musikszene mitmischte, erzählte: „Wenn wir in fröhlicher Runde bei uns im Saal mit unseren Musikinstrumenten übten, kam es schon mal vor, dass wir zu vorgerückter Stunde vor lauter Übermut musizierend durch Kollow liefen."

Sobald Arnold bei uns auftauchte, drückte Ewald auch ihm ein Blasinstrument in die Hand und die beiden verschwanden nach draußen.

Heimlich schlichen sie sich ans Fenster einiger Dorfbewohner, bliesen ein paar kräftige Töne und verschwanden schnell wieder in der Dunkelheit. So wunderten sich mal wieder die Dorfbewohner über seltsame Geräusche.

Die neuen Tanzschuhe: Jahrelang musste Ingeborg mit den selbstgebastelten Holzschuhen von dem Schlorremaker (Holzpantoffelmacher), Herrn Kohn, vorliebnehmen. Herr Kohn war selbst als Flüchtling nach Kollow gekommen. Damit möglichst viele Menschen, die jetzt in Kollow lebten, überhaupt Schuhzeug für ihre Füße hatten, machte er aus der Not eine Tugend. In der Holzbaracke, die während des Krieges von Kriegsgefangenen bewohnt wurde, richtete sich Herr Kohn eine Holzpantoffel-Werkstatt ein. Als Obermaterial dienten alte Feuerwehrschläuche. Um möglichst viel in kurzer Zeit fertigstellen zu können, halfen Arnold und Horst kräftig mit. Mit einer Kombizange bogen sie Bindedraht zu Klammern, damit wurde das Oberteil aus den Schläuchen am Holz festgenagelt. Auch das Holzmaterial, wie die Rohlinge oder gar einen Erlenbaum schafften sie im Winter mit ihrem Schlitten oder im Sommer mit ihrem selbstgebastelten Wagen heran.

Für so manchen Kollower war diese einfache Fußbekleidung ein Vielzweckschuh für alle Fälle. Selbst zum Tanzen musste dieser Holzschuh herhalten. Für die jungen Mädchen bastelte Herr Kohn die Pantoffeln mit einem Keilabsatz, damit sie höher waren und schlanker wirkten. Für die Fersen wurden noch Riemen an dem vorderen Oberteil befestigt, damit die Mädels beim Tanzen einen besseren Halt hatten. Mit kreativen Ideen verschönerten die Mädels ihr Ausgehmodell! Sie nahmen aufgelöstes Zahnpulver und weißten damit das Obermaterial. Mit bunten Fäden bestickten sie es anschließend.

Im Saal vom Gastwirt Schult befand sich ein Klavier, auf dem Adi Knese Tanzmusik spielte, während Pauli Hillman den jungen Leuten das Tanzen beibrachte. Nach jedem Tanzvergnügen mussten die Riemen an den Pantoffeln ersetzt werden.

Als Ingeborg 1947 konfirmiert wurde, gab es noch immer nichts zu kaufen. Aber in der Marktschule in Schwarzenbek lagerten Kleiderspenden aus Amerika. Von dort brachte Ingeborgs Mutter ihr ein Paar passende Damenpumps mit.

Nur die Absätze waren viel zu hoch. Kurzentschlossen hackte ihre Mutter die Absätze um einiges kürzer – und schon hatte Ingeborg wenigstens passende Schuhe zum hübschen Konfirmandenkleid. Nur tanzen konnte sie mit den Dingern nicht. Sie ging darauf wie auf Eiern. Damit sollte 1948 nach der Währungsreform endlich Schluss sein. Zumindest für Ingeborg.

Mit vierzig DM in der Hand, die Ingeborg bei der Währungsreform von der Behörde als Kopfgeld erhalten hatte, betrat sie unsere Schusterstube. Sie hoffte, von dem Geld endlich ein Paar heißersehnte Lederschuhe zu bekommen.

Erwartungsvoll fragte sie meinen Vater:
„Herr Meyer, könnten sie mir für dieses Geld ein Paar Schuhe, die ich auch zum Tanzen anziehen kann, anfertigen?"
Er schaute auf die vierzig DM in ihrer Hand und meinte:
„Das denk' ich schon."
Mutig geworden, wagte sie die nächste Frage:
„Wäre es möglich, dass ich die Schuhe vielleicht auch in zwei Raten zahlen könnte? Ich möchte mir auch noch was anderes kaufen. "
Spontan antwortete Franz Meyer:
„Ja, meen Deern."

Ratenzahlung war an der Tagesordnung.
So konnte Ingeborg sich noch weitere langersehnte Wünsche erfüllen, wozu eine Körper- und Gesichtscreme gehörte: die heißbegehrte blaue Dose mit weißer Schrift „Nivea". Fünf Mark hat die gekostet. Ein stolzer Preis. Damals!

Ein ganz besonders aufregender Tag war es für Ingeborg, als sie mit ihren sechzehn Jahren ihre ersten Leder-Slipper abholen konnte.
Das war ein gerade aus Amerika stammendes neues Schuhmodell, das bei der Jugend heiß begehrt war: ein eleganter Halbschuh ohne Schnürsenkel.
Bevor Ingeborg mit ihren neuen Schuhen glücklich von dannen zog, lud Franziska Meyer sie noch zum Essen ein, es gab Pellkartoffeln mit Matjes. Und weil meine Mutter ja äußerst praktisch veranlagt war, lagen die heißen Pellkartoffeln mitten auf dem Tisch. Jeder konnte sich bedienen.

Plagegeister und Hundeterror

Flöhe und Läuse: Eine Plage überschwemmte Kollow. Wie eine Invasion fielen klitzekleine, springende und hüpfende Tierchen über unser Dorf her – Flöhe und Läuse. Gleich nach dem Krieg hatten entweder die polnischen Gefangenen oder die Heimkehrer sie als unfreiwilliges Mitbringsel im Gepäck. Das waren unsere neuen Untermieter für die nächste Zeit. Die Flöhe im Bett störten mich nicht so sehr wie die Läuse auf dem Kopf. Außer, dass die Flöhe mich piekten, hatte ich mich, mehr schlecht als recht, an sie gewöhnt. Es war schon ein komisches Gefühl, wenn morgens das Bettlaken mit kleinen punktförmigen Blutflecken besprenkelt war. Mutter wusste teilweise nicht, wie sie die schnellen Hüpfer in den Griff bekommen sollte. Täglich streute sie weißen Puder auf die Matratzen und aufs Laken. Kein Wunder, dass sie die Flöhe nicht in den Griff bekam, sie versteckten sich im Stroh der Matratze.

Wir Kinder hatten auch unseren Spaß mit den Flöhen. Es begann ein Katz-und-Maus-Spiel. Kurz bevor wir sie mit der bloßen Hand platt drücken wollten, waren sie bereits wieder auf und davon gesprungen. Selbst zwischen den Fingern sprangen sie oft wieder in die Freiheit. Doch ab und zu erwischte es einen Floh, und es machte platsch.

Ganz schrecklich fand ich die Läuse. In meinem dicken Haar fühlten sie sich sauwohl und nisteten sich auf längere Zeit ein. Nun begann der reinste Läuseterror auf meinem Kopf. Wie oft war Mutter mit Lilla und mir, den es genauso traf, am Berliner Tor in Hamburg bei der öffentlichen Entlausungsanstalt gewesen. Nichts half. Kurzerhand nähte Vater mir aus dünnem Gummi eine Kappe. Bevor ich sie für die Nacht aufsetzen musste, wurde mein Kopf mit Petroleum eingerieben. Eine Rosskur. Vom ständigen Kratzen war meine Kopfhaut bereits entzündet. Wahnsinnige Schmerzen waren die Folge. Die Nacht war heiß und schwül. Unterm Dach wurde es unerträglich. Ich glaube, keiner von uns konnte schlafen. Jeder wälzte sich im Bett von einer Seite auf die andere. Auf meinem Kopf war es kaum noch auszuhalten, es juckte und brannte wie Feuer. „Hört ihr das?", unterbrach Nauke die Stille. Wir spitzten die Ohren. Aus der Ferne war ein leises Grollen zu hören.

„Gott sei Dank, es gibt bald ein Gewitter", stellte Nauke zufrieden fest. Als die Blitze heller und die Donner lauter wurden, fingen wir automatisch zwischen einem Blitz und dem darauffolgenden Donner im Sekundentakt an zu zählen. Aus der gezählten Zahl errechneten wir dann die Entfernung des Gewitters.
(333 Meter/Sekunde)
„Noch ist das Gewitter auf der anderen Seite der Elbe", meldete Butz sich zu Wort. Er hatte es als erster ausgerechnet. Doch die Zeiten zwischen den darauffolgenden Blitzen und dem Donner blieben konstant.
„Ich glaub, das Gewitter hängt fest, es kommt einfach nicht über die Elbe rüber", bemerkte Butz noch mal. Wie sehr wünschten wir uns den Regen, damit die Luft erträglicher wurde. Endlich! Es kam näher, die Donnerschläge wurden lauter, die Blitze stärker. Nauke sprang als Erster aus dem Bett und befahl:
„Kommt anziehen, wir müssen runter gehen!"
Das war Pflicht bei starkem Gewitter. Sollte der Blitz das Strohdach treffen, würde es sofort lichterloh brennen.
Mutter hatte bereits die Tasche mit den wichtigsten Papieren auf dem Küchentisch stehen und wartete auf uns. Vater war auf Reisen.

Wenn er Leder und sonstiges Schuhzubehör kaufte, fuhr er oft nach Lübeck oder Bad Oldesloe und übernachtete bei seinem Bruder Adolf, der mit seiner Familie in Rethwischfeld bei Bad Oldesloe wohnte.
Blitze erhellten immer wieder die Küche für kurze Zeit. Dann, ein gefährlicher Zickzackblitz und ein alles übertönender Donnerschlag, der mir durch Mark und Bein ging. Am liebsten hätte ich mich untern Tisch verkrochen.
„Oh, Gott, es hat irgendwo eingeschlagen", rief Mutter entsetzt. Wir liefen ans Fenster, öffneten es und sahen in der Ferne Flammen gen Himmel lodern. Lautes Knistern war zu hören. Gierig fraßen sich die Flammen tief in ein Strohdach hinein. Vom Dach des Schulgebäudes heulte die Sirene.
„Der Heidkaten brennt!", schrie Nauke.
Heimlich war er wieder nach oben ins Kinderzimmer gelaufen, um besser sehen zu können. Mitten in der Feldmark auf einem Geesthügel zwischen Geesthacht und Kollow standen zwei Bauernhäuser, die zum Dorf Wiershop gehörten.

„Das Feuer sieht schlimm aus, wenn nicht bald der Regen kommt, zerstört er das ganze Haus", bestätigte Nauke unsere Befürchtungen. Dann waren meine Brüder nicht mehr zu halten und liefen in die dunkle Nacht hinaus. "Bleibt doch bloß hier, bis das Gewitter vorbei ist", rief Mutter noch hinterher. Aber sie waren bereits über alle Berge verschwunden. Wind kam auf und mit ihm der ersehnte Regen. Zuerst tröpfelte es langsam, doch schnell wurden die Regentropfen größer und heftiger. Schließlich goss es wie aus Kübeln, und es prasselte unaufhörlich gegen die Fensterscheiben. Die Blitze wurden schwächer und die Donnerschläge leiser, bis man es nur noch aus der Ferne grummeln hörte.

Das ganze Dorf war auf den Beinen, nicht nur um sich dieses schreckliche Spektakel von einem alles vernichtenden Feuer anzuschauen, sondern auch, um den armen Bauern zu helfen, zu retten, was noch zu retten war. Ich blieb bei meiner Mutter und meinem kleinen Bruder Rolfi.

Abgelenkt von den Ereignissen, hatte ich meinen vor Schmerzen brennenden Kopf völlig vergessen. Nun war es wieder still im Haus, und das Kribbeln und Brennen ergriff wieder Besitz von mir. Weil es kaum noch zu ertragen war, rannte ich 'raus in den Regen, riss mir die Kappe vom Kopf und ließ mir den kühlenden Regen auf den Kopf prasseln.

Regenwasser lief in Sturzbächen vom Dach in die Zinkwanne, die unterm Dach stand. Tief tauchte ich meinen Kopf ins Wasser hinein und schwenkte ihn hin und her, bis ich eine Erleichterung empfand. Ganz allmählich ließen die brennenden Schmerzen nach. Ein lang ersehntes Wohlgefühl breitete sich auf meinem Kopf aus. Was für eine Wohltat! Plötzlich stand meine Mutter neben mir und fragte erstaunt:

„Kind, was machst du da? Du versaust mir ja das schöne Regenwasser."

„Ist mir egal", heulte ich mit triefenden Haaren, „ich habe die Schmerzen nicht mehr ausgehalten. Die Kappe setze ich nicht wieder auf, und die Lösung lasse ich auch nicht mehr an meinem Kopf. Lieber behalte ich meine Läuse und kämme sie so lange mit dem Läusekamm, bis alle weg sind, und wenn es den ganzen Tag dauert!", endete ich entschlossen.

Am nächsten Tag hatten Mutter und Ewald gemeinsam eine Lösung gefunden, wie ich meine Läuse ein für alle Mal loswerden könnte. Ein schändlicher Plan! Ewald strahlte übers ganze Gesicht, als er mit einem Küchenstuhl in die Diele ging, dann sperrte er die Dielentür sperrangelweit auf und stellte den Stuhl direkt davor.

„So, meine kleine Schwester", entschied er, „setz dich auf den Stuhl, ich bin gleich zurück!", und verschwand durch die Küchentür. Mit einer Schere und einem Rasierer kam er kurze Zeit später zurück.

„Du willst doch deine Läuse loswerden, ohne dich weiter zu quälen, habe ich Recht?"

„Ja", sagte ich kleinlaut und schielte auf den Rasierer!

„Da gibt`s nur eine Lösung! Ich muss dir dein Haar abschneiden, dann bist du sie für immer los – die Läuse meine ich!"

Ich wollte aufspringen und weglaufen. Kraftvoll drückte er mich zurück auf den Stuhl. Gelassen nahm er die Schere und setzte an. Eine Locke nach der anderen fiel zu Boden. Trotzdem hoffte ich noch, er würde mir die Haare nur ganz kurz schneiden.

Zwischen Angst und Hoffnung blieb ich ganz still sitzen. Danach nahm er den Rasierer und rasierte doch tatsächlich alles kahl. Ich war geschockt, unfähig, überhaupt noch was zu tun. Heiß und kalt lief es mir über den Rücken.

Ein Bauer fuhr auf der Straße mit seinem Fuhrwerk vorbei, und rief: „Moin Ewald!" Mit einem zufriedenen Lächeln begutachtete Ewald danach meine neu erworbene Glatze. Den Stuhl hatte er extra vor die Dielentür gestellt, damit auch ja jeder im Dorf, der vorbeikam, seine Heldentat sehen konnte.

Danach knöpfte er sich den Lilla vor, bei dem die Läuse auf seinem Lockenkopf auch nicht verschwinden wollten. Auch er bekam eine Glatze verpasst.

Wie Zwillinge sahen Lilla und ich mit kahlgeschorenem Kopf aus. Wenn wir im Bett lagen und nur unsere Köpfe rausguckten, konnte Mutter uns kaum auseinander halten. Lilla war nur ein Jahr älter als ich. Also wurde ich jetzt sogar für einen Jungen gehalten. Auch das noch!

Dem Dorf blieben die Läuse noch eine ganze Weile erhalten, aber wir, Lilla und ich, waren sie los.

Damit war aber mein Leiden nicht zu Ende. Nein, es gab da ja noch die Dorfschule. Für Lilla war eine Glatze kein Weltuntergang, aber für mich als Mädchen?

Ohne Mütze verließ ich das Haus nicht mehr – auch wenn es Sommer war. Meine Glatze zur Schau stellen, nee, das kam nicht in Frage. Nicht nur mein sadistischer Bruder Ewald schien sich über meine Glatze zu freuen, nein, auch unser Schullehrer, Hermann Becker. Er konnte es gar nicht abwarten, endlich auch mal ein Mädchen in seiner Klasse mit einer Glatze zu beäugen, um mich danach auch noch vor der ganzen Klasse lächerlich zu machen.

„Moni, nimm bitte während des Unterrichts deine Mütze ab!", forderte er.

„Nee, mache ich nicht!", protestierte ich.

„Na ja, dann nimm sie wenigsten für einen kurzen Moment ab, wir möchten gern sehen, wie ein Mädchen ohne Haare aussieht."

Ein Mädchen mit Glatze hatte das Dorf wohl noch nicht gesehen. Lehrer Becker war ein strenger Lehrer. Er ließ nicht locker und bedrängte mich solange, bis ich zögernd die Mütze abnahm. Das schadenfrohe Gelächter der Schüler habe ich noch immer in den Ohren. War das gemein!!!

Mal wieder wütend auf den Lehrer, auf die Schüler und auf ganz Kollow, schwor ich mir, mich nie wieder so lächerlich machen zu lassen.

Das Jauchebad: Fließend Wasser hatten wir nicht. Elektrischen Kochherd? Zukunftsmusik. Der einzige Luxus, den wir hatten, war der Strom im Haus. Gnädig gestattete Bauer Schmidt uns seinen Wasserhahn, der in seiner großen Diele angebracht war, zu benutzen. Das Gehöft lag auf der anderen Straßenseite. Meistens zogen meine Brüder mit den beiden 10-Liter-Eimern los. Wer gerade zu Hause war, schnappte sich die beiden leeren Wassereiner, die neben der Holzkiste auf einer Holzbank standen. Entweder lief man zum Bauern Schmidt, oder man musste noch ein ganzes Stück weiter durchs Dorf zum Dorfbrunnen laufen. Der lag vor dem Grundstück der Post. Es war ein überdachter Gemeinschaftsbrunnen. Wollte ich von dort Wasser holen, musste ich mit einer Kurbel den Holzeimer, der an einer langen Kette hing, hochkurbeln, um dann das Wasser in meinen mitgebrachten Eimer umzuschütten. Einen ganzen Eimer voll? Für meine dünnen Ärmchen, unmöglich!

Mit einer bunten Porzellanscherbe zeichneten Gisela und ich ein Hinkepott-Spielfeld in die Erde auf unserem Hof.

„Ich hab Durst, ich lauf mal schnell rein und trink was, bin gleich wieder da", unterbrach ich mein Wirken und legte die bunte Scherbe zur Seite.

Aus „gleich" wurde nichts. Enttäuscht schaute ich in die leeren Wassereimer. Selbst in der Schöpfkelle, aus der wir tranken und die in einem der Eimer steckte, war kein Tropfen Wasser mehr drin. Weit und breit kein Bruder zu finden. Wohl oder übel musste ich selbst losziehen. Wenigstens einen halben Eimer voll Wasser wollte ich vom Bauern Schmidt holen, mehr konnte ich sowieso nicht schleppen.

Mit einem leeren Eimer bewaffnet rief ich Gisela im Vorbeilaufen zu: „Bin gleich zurück, ich hol mir nur schnell Wasser!"

„Beeil dich, ich bin fast fertig", rief Gisela mir hinterher.

Vorsichtig schlich ich mich hinten am äußersten Rand des Innenhofes entlang bis zum Misthaufen.

Vergeblich, diese riesige Bestie von einem Schäferhund-Verschnitt sprang mit einem Satz aus seiner Hütte und stürzte lauthals kläffend und mit gefletschten Zähnen auf mich zu. Ich drängte mich, so weit es ging, an dem Misthaufen entlang, der neben der Mauer lag. Patsch, landete mein linker Fuß in einer stinkenden Jauchepfütze, und ehe ich mich versah, rutschte ich aus und lag der Länge nach halb in einer schlammigen Brühe und halb auf dem dampfenden Misthaufen. Die Kuhstalltür stand offen, der Knecht war im Stall am Ausmisten. Ausgerechnet in diesem Moment war er nicht zu sehen.

In Sekundenschnelle hatte der Köter mich erreicht – fast. Nur der leere Wassereimer, den ich vor Schreck fallen ließ, lag zwischen uns. Dort endete seine Eisenkette an der er befestigt war. Starr vor Angst schaute ich in dieses fletschende Maul – unfähig mich zu rühren. Endlich kam der Knecht mit der Mistgabel voll Kuhmist aus dem Stall und schrie:

„Pfui Haro, los hau ab." Er schmiss die Mistgabel mitsamt dem Mist auf den Haufen, kam angerannt und packte Haro an der Kette, beruhigte ihn und zerrte ihn zurück.

„So, Moni, ich warte hier, bis du dir Wasser geholt hast!"

Mit rasendem Herzen rappelte ich mich auf und lief in die Diele, drehte den Wasserhahn auf, spülte mir erst meine stinkenden Hände ab, dann den Wassereimer und ließ ihn halb voll Wasser laufen. So schnell ich tragen und laufen konnte, machte ich mich aus dem Staub.

„Was ist denn mit dir los, wie siehst du denn aus, iiih, wie stinkst du denn?", rief Gisela, die schon allein mit dem Hinkepott angefangen hatte, als ich an ihr vorbeilief. Demonstrativ hielt sie sich die Nase zu.

„Dieses blöde Vieh, nie wieder gehe ich Wasser holen", rief ich Gisela zurück, „und wenn ich verdurste!" Ich verschwand im Haus, stellte den Wassereimer ab und ging in den Garten zur Regentonne, um mich gründlich zu reinigen. Zum Hinkepott spielen hatte ich keine Lust mehr.

Hunde mochten mich nicht! Ich sie auch nicht!

Fast jeder Bauer hatte so eine gefährliche Bestie auf seinem Hof mit einer langen Kette, so dass sie fast jeden Winkel des Hofes erreichen konnte. Egal wo auch immer ich auftauchte, war ein Hund in der Nähe, kläffte er schon, bevor er mich überhaupt sah. Deshalb machte ich stets einen großen Bogen um diese Viecher. Obwohl meine Mutter das wusste, brachte sie doch tatsächlich eines Tages einen Schäferhund mit nach Hause. Ich saß am Küchentisch, als sie mit ihm auftauchte.

„Aber Mama, was soll der Hund hier?"

Angsterfüllt schaute ich zum Hund rüber. Bedrohlich schaute er zurück. Nur der Küchentisch trennte uns voneinander. Meine Mutter sah meine Angst und versuchte, den Hund durch Streicheln und beruhigende Worte zu bändigen, was sie letztlich auch schaffte.

„Siehst du, er ist ganz lieb, komm und streichle ihn doch mal, damit er sich an dich gewöhnt", machte Mama mir Mut.

Kurz zögerte ich, entschied mich aber, ihn nicht zu streicheln, so gefährlich wie er dreinschaute. Ich suchte lieber das Weite. Vorsichtig öffnete ich später, als ich zurückkam, die Küchentür. Der Hund schien auf mich gewartet zu haben. Ich war noch nicht ganz in der Küche, da setzte er zum Sprung an. Erschrocken wich ich zurück. Vorsichtshalber hatte meine Mutter den Hund angebunden, so kam er nicht weit. Reflexartig ergriff sie ihn am Halsband. Sonst hätte er sich bestimmt noch losgerissen. Rücklings lief ich in die Diele und schrie:

"Wenn der Hund hier bleibt, haue ich ab!"
Wohin? Wusste ich natürlich nicht.

Doch Mutter war über meine und die Reaktion des Hundes so erschrocken, dass sie den Hund umgehend dorthin zurückbrachte, wo sie ihn hergeholt hatte.

Lausbubengeschichten

Um noch mal auf die Streiche zu kommen: Ständig hatten meine Brüder gemeinsam mit den anderen Jungs im Dorf irgendwelche Flausen im Kopf.

Silvesterstreiche: An Silvester hieß es speziell für die Bauern: Vorsicht, der Teufel ist los! Dann trieb die Dorfjugend ihr Unwesen. In Rudeln streiften sie durchs Dorf und verzapften einen derartigen Blödsinn, dass manchem Dorfbewohner die Spucke wegblieb. Ihre Ideen waren unerschöpflich. Die Bauern sperrten vorher alles weg, was auf ihrem Hof nicht niet- und nagelfest war. Trotzdem schafften die Jungs es jeden Silvester aufs Neue, die Dorfbewohner von Kollow in Erstaunen zu versetzen. An vorderster Front der Bande: Arnold Marbs, Ewald Meyer, Horst Thiede sowie Hans Wilhelm Jenß. Oft war auch der kleinwüchsige Erdmann Schmid mit dabei, der jüngste Sohn des Bauern Willi Schmidt. Es war ja nicht so, dass es nur die Jungs aus den Handwerks- und Arbeiterfamilien waren, nein, auch die Söhne der Bauern mischten ordentlich mit. Jedoch auch die Jüngeren wie meine Brüder Butz, Nauke und deren Schulfreunde ließen in dieser Nacht nichts anbrennen, oder sie halfen den Größeren.

So lernten sie gleich aus erster Hand, was man so alles verzapfen kann. Denn später übernahmen sie ja die Herrschaft der Dorfbande.

Einer gab den Ton an:

„Kommt, heute holen wir uns die Gartenpforten!"

Sie hatten sich im Dorfkern versammelt.

„Was wollen wir denn damit?", fragte neugierig ein anderer.

„Oh, ich weiß, die schmeißen wir auf einen Haufen und machen ein schönes Feuer, dann wird es auch schön warm!", sagte ausgerechnet der jüngste und nicht gerade der Klügste unter ihnen.

„Mann, wie bekloppt bist du eigentlich? Wir wollen doch nur die Bauern ärgern – und keinen Krieg mit ihnen anzetteln!"

Seine Worte klangen genau so kalt, wie auch die Kälte, die das Dorf fest im Griff hatte. Er schob sich die Mütze tiefer über die Ohren, zog sich den Schal enger um den Hals und befahl mit gedämpfter Stimme:

„Folgt mir, ich sag euch gleich, was wir mit den Pforten machen."

Der Schnee knirschte unter ihren Füßen.

An der ersten Gartenpforte, die sich seitlich des Hauses befand, blieben sie stehen, mit gemeinsamen Kräften hakten sie sie so leise wie möglich aus. Der Anführer drückte die Pforte zwei Jungs in den Arm:

„Ihr bringt jetzt die Pforte auf die Koppel, wo der Hochspannungsmast steht. Danach kommt ihr so schnell wie möglich zurück. Wir haken inzwischen die nächste Pforte aus.

„Seit vorsichtig, lasst euch nicht erwischen, sonst ist der Spaß vorbei", rief er ihnen so leise es ging, noch hinterher.

Im Hausflur ging das Licht an.

„Kommt schnell, wir verstecken uns hinterm Schuppen!"

Der Bauer kam heraus, schaute nach links und nach rechts, als er nichts sah und nichts hörte, drehte er sich um und verschwand schnell wieder in der warmen Bude.

So trugen sie mit vereinten Kräften eine Pforte nach der anderen auf die Koppel. Sie mussten höllisch aufpassen, denn die Bauern und ihre Knechte kamen hin und wieder 'raus oder gingen in die Stallungen, um nach dem Rechten zu schauen.

Allerdings hatten sie mit ihrer Aktion ziemlich spät angefangen, denn zu vorgerückter Stunde hatte so mancher erwachsene Bürger schon ganz schön einen gebechert.

Noch einmal mussten die Jungs sich in dieser Nacht hinter einer Rübenmiete verstecken. Als alle auf der Koppel versammelt waren, wurde eine Pforte nach der anderen mit viel Band an dem Hochspannungsmast von oben bis unten befestigt. Eine Mordsarbeit, die auch so manchem Jungen eiskalte Finger bescherte, denn Handschuhe waren oft im Wege. Sie nahmen eine Handvoll Schnee und rieben sich damit die Hände ein. Das half immer. Nach dem ersten Kribbeln glühten die Hände in wohliger Wärme. Dann ging es ab nach Hause, um mit Punsch und Berlinern ins Neue Jahr 'reinzufeiern.

An einem anderen Silvesterabend stand das Objekt der Begierde oder besser gesagt, das Spielzeug, einsam und verlassen vor dem Hof von Willi Schmidt: ein ausgedienter hochbockiger Leiterwagen, auf dem die Milchkannen transportiert wurden. Reinhold Schule nahm die Deichsel in die Hand, um den Wagen zu steuern, während die anderen Halbstarken von hinten den Wagen auf die Dorfstraße schoben. Mit Gepolter und Getöse, mit Gegröle und Gelächter donnerte der Milchwagen mit seinen eisenbereiften Rädern übers Kopfsteinpflaster, dass die Funken stoben in Richtung Buckpoldiek, das war der Löschteich.

Um ein Haar wäre der Wagen durch Otto Kneses Garten in sein Haus gerast. In letzter Sekunde und mit allerletzter Kraft schaffte Reinhold es, die Deichsel nach rechts rumzureißen. So rauschte der alte ausgediente hochbockige Milchwagen mitten in den Dorfteich. Und – Kollow staunte mal wieder!

Butz legte einen ganz anderen Silvesterstreich hin:
Nauke, Lilla und ich waren einen Tag vor Silvester den ganzen Nachmittag in der Küche, um Ossenogen (Berliner) zu backen. Mutter hatte die Oberaufsicht und half uns beim Hefeteig.
In einer Ossenogenpann aus Gusseisen mit zwei Griffen und sieben kreisrunden emaillierten Vertiefungen wurden dann die Ossenogen auf dem Feuerherd in Schweineschmalz ausgebacken. Stolz betrachteten wir am Ende unser herrlich duftendes Backwerk und freuten uns auf den nächsten Tag. Unsere größte Schüssel, randvoll mit Ossenogen, stellte Nauke, der Größte unter uns, mit einem Küchentuch abgedeckt, oben auf den Küchenschrank. Erst am Silvester um Punkt zwölf nachts durften wir sie vernaschen. Das war Sitte!
Butz wollte die Dinger schon vorher vernaschen. Heimlich schlich er sich nachts in die Küche. Einen Stuhl wollte er sich nicht nehmen, das könnte ja Krach machen. Er stellte sich auf Zehenspitzen, bis er mit beiden Händen den oberen Rand des Schrankaufsatzes erreichte und sich daran festhalten konnte. Während er versuchte, sich mit einem schwungvollen Klimmzug hochzuziehen, gab der Schrankaufsatz nach, und holterdiepolter flog Butz rücklings auf den Steinfußboden. Der Schrank mitsamt seinem Geschirr und den Ossenogen hinterher. Außer ein paar Schrammen und blauen Flecken war Butz, Gott sei Dank, nichts weiter passiert. Leider befand sich in dem Schrank noch unser kostbarstes Geschirr, welches wir nur an Fest- und Feiertagen benutzten. Mama wollte es Neujahr noch mal benutzen, bevor sie es wieder in den Wohnzimmerschrank zurückstellte. Nur ein Scherbenhaufen war übrig geblieben.

Fauler Kürbiszauber: Ewald stand vor der Poliermaschine und polierte die Stiefel, die Vater gerade besohlt hatte. Er hielt sich gern in der Schusterwerkstatt auf und half Vater. Das heimste ihm auch den Beinamen ‚Schauster' ein. Überhaupt, seit Vater die neue Schleif- und Poliermaschine angeschafft hatte, machte es beiden richtig Spaß, gemeinsam in der Schusterstube zu werkeln.

Hans Wilhelm Jenß, Ewalds bester Schulfreund, saß auf der unteren Treppenstufe, die von der Küche aus in die Werkstatt führte. Vater hatte einen guten Tag und erzählte Lausbubengeschichten aus seiner Kindheit. Andächtig lauschten Ewald und Hans Wilhelm all den großen und kleinen Heldentaten meines Vaters. Als Vater seine Geschichten beendet hatte, stand Hans Wilhelm auf und fragte Ewald: „Kommst du nachher bei mir vorbei, wenn du hier fertig bist?" „Du kannst jetzt schon mitgehen", schlug Vater vor, „heut gibt's nicht mehr viel zu tun für dich." Sobald die beiden draußen waren, steckten sie ihre Köpfe zusammen und brüteten einen Plan aus. Noch am selben Abend wollten sie aktiv werden.

Schweigsam schlichen drei dunkle Gestalten an einem späten, stockfinsteren Abend in den Gemüsegarten des Bauern Braasch, bewaffnet mit einer Taschenlampe und einem Taschenmesser. Aufgeregt leuchtete der kleinwüchsige Erdmann ihnen den Weg. „Mensch, Erdmann, mach die Funzel aus, es kann uns ja jeder sehen", fauchte Ewald den kleinen Erdmann an. „Ich sag dir schon Bescheid, wenn wir Licht brauchen." Zielsicher landeten sie bei den Kürbissen. „Hier", flüsterte Hans Wilhelm und blieb beim größten Kürbis stehen, „ich glaube, das ist der Größte!" Hans Wilhelm zückte das Taschenmesser und schnitt fein säuberlich aus der Seite des Kürbisses eine runde Scheibe heraus und legte sie zur Seite. „Ewald, du bist als erster dran." Nacheinander und zielsicher verrichteten sie ihr Geschäft in den Kürbis. Sauber und ohne erkennbare Schnittstellen schlossen sie den Kürbis mit der Kürbisscheibe wieder. Von dem Eingriff war nichts mehr zu sehen. Mit sich und ihrer Leistung zufrieden, begutachteten sie ihr Werk. Genauso lautlos wie sie gekommen waren, verschwanden sie auch wieder.
Zur selben Zeit lehnte sich ein Mann neugierig aus seinem Fenster, denn sein Haus stand auf der anderen Straßenseite gegenüber vom Gemüsegarten. Sehen konnte er nichts, hören konnte er nichts, doch er wunderte sich über ein seltsames Licht, das hin und wieder für Sekunden aufflackerte. Als der Spuk vorbei war, schloss er enttäuscht das Fenster. - Der Kürbis wuchs weiter!

Übermütig geworden, nahm sich die Bande den nächsten Kürbis vor. Diesmal musste der größte Kürbis im Garten von Otto und Amanda Schmidt dran glauben.

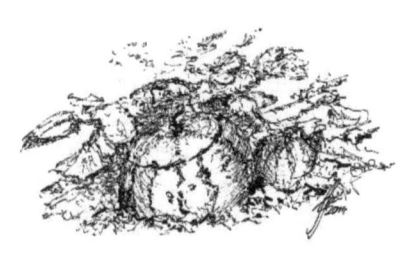

Arnold, der mit seinen Eltern beim Bauern Otto Schmidt wohnte, und außerdem mit Ewald, Hans-Wilhelm und Erdmann eng befreundet war, erzählte:

„Als später der Kürbis in der Küche von Amanda Schmidt landete, bedauerte sie zunächst die Fäulnis der Frucht, bemerkte dann aber die Sauerei. Ihre Wut war kaum zu bremsen, zumal sie auch noch mit der nackten Hand in den Kürbis gegriffen hatte. Von den Tätern fehlte natürlich jede Spur. Fluchend rannte sie nicht nur zum Dorflehrer, sondern erzählte auch jedem im Dorf, der ihr übern Weg lief, diese Sauerei." Arnold ahnte sofort, wer es war, schwieg aber wie ein Grab. Auf keinen Fall würde er jemals seine besten Freunde verpfeifen. Ausgerechnet als Bäuerin Schmidt fürchterlich am Keifen war, tauchte einer der Übeltäter auf und sagte mit einer Unschuldsmiene, aber empörter Stimme, zu der Geschädigten: „Und das in diesen schlechten Zeiten!"

Wütend und mit hochrotem Kopf verlange Amanda Schmidt vom Lehrer Becker, er möge die Übeltäter bestrafen. So war es damals: Die Bauern liefen einfach zum Lehrer des Dorfes und verlangten von ihm, die Täter zu finden und sie zu bestrafen. Lehrer Becker dachte eine Weile nach, wie er die Burschen überführen könnte. Pfiffig, wie er war, kam ihm kurz darauf eine blendende Idee: Er ließ die ganze Klasse, die ohnehin über diesen Schabernack schmunzelte, einen Aufsatz über diesen Vorfall schreiben. Siehe da, er wurde fündig. Drei Geschichten ähnelten sich sehr, speziell die ausführlichen Beschreibungen über den Kürbis. Damit hatten die Täter sich selbst verraten!

Hans Wilhelm meinte später: „Ein leichtes Lächeln huschte über Beckers Gesicht, bevor er uns, nicht übermäßig doll, einen überzog."

87

Wildwestreiten: Wir hatten schon echte Naturbuschen in Kollow. Manchmal fühlten sie sich wie im wilden Westen. Wollten die Jungs reiten, gingen sie einfach auf die Pferdekoppel hinter den Höfen. Mit bloßen Händen fingen sie die grasenden Pferde ein und schwangen sich mutig auf den Rücken. Im Galopp ging es dann über die Wiese. Ohne Sattel und Zaumzeug, nur an der Pferdemähne hielten sie sich fest. Das war stark! Irgendwann wurde Walter Poggenhorn im hohen Bogen vom Pferd abgeworfen. Zum Glück war ihm nichts passiert. Er dachte sich: Richtige Kerle geben nicht gleich auf und ritt weiter. So lief der Spaß noch einige Tage, bis es Horst Gerigk erwischte. Sein Pferd, das er reiten wollte, weigerte sich. Es bäumte sich direkt vor ihm auf. Als es sich wieder auf alle Viere stellte, biss es dem Horst so doll in die Schulter, dass ihm Hören und Sehen verging. Nicht nur, dass seine Schulter blutete, er bekam auch noch einen riesengroßen Bluterguss. Schon war der Reitspaß wie im wilden Westen für die Jungs vorbei. Die Pferde hatten wieder ihre Ruhe!

Wieder einmal lungerten die Jungs abends im Dorf rum und wussten nicht, was sie mit ihrer überflüssigen Kraft anfangen sollten, bis einer auf die Idee mit der Klotür kam. Kaum war es dunkel geworden, gingen sie zum Schulhof und hakten dort die Klotür der Jungstoilette aus. Die schleppten sie 'rüber zu Tretaus. Dort hakten sie deren Gartenpforte aus und tauschten beide gegeneinander aus. Die große Holztür schmückte Tretaus Garten und die niedrige Lattenpforte das Jungsklo. Verdutzt schauten die Schuljungs am nächsten Morgen drein, als sie dringend aufs Klo mussten. War das peinlich!

Kinderarbeit und Prügelstrafe

Die Prügelstrafe war in vielen Familien an der Tagesordnung. Nicht in meiner! Nur ein einziges Mal wollte Mutter mir an den Kragen. Nicht ohne Grund. Doch auch diesmal konnte ich mich aus einer brenzligen Situation gerade noch rechtzeitig befreien. Nachdem Mutter mit dem Abwasch fertig war, wischte sie den Küchenfußboden. Kaum, dass sie fertig war, latschte ich, obwohl sie es mir vorher strikt verboten hatte, mit meinen Schuhen durch die noch nasse Küche, um Wasser zu trinken. Ich hatte mal wieder schrecklichen Durst. Das hatte ich ihr auch gesagt.

„Kind, warte bis der Boden trocken ist!", befahl sie.
Aber nein, ich konnte mal wieder nicht hören. Kaum hatte ich die Küche betreten, schnappte sie sich den Schrubber und sah mich wutentbrannt an. Nun hatte ich sie doch zur Weißglut gebracht. In letzter Sekunde machte ich auf dem Absatz kehrt und flüchtete durch die Diele ins Freie, rannte über den Hof auf den Jungfernstieg. Fluchend lief Mutter mit dem Schrubber hinter mir her. Bis zur Dorfstraße folgte sie mir dicht auf den Fersen. Dann blieb sie keuchend stehen, drehte sich um und ging zurück. Auch ich blieb kurze Zeit später stehen und holte tief Luft. Das war noch mal gut gegangen. Nun wandte ich wieder meinen Zeit-gewinnen-Trick an.

Bis abends ließ ich mich nicht mehr zu Hause blicken. Wie immer, hoffte ich auch diesmal, Mutters Zorn würde sich bis dahin legen. Ich hatte Recht, ihr Ärger war verflogen.

Ich kann mich nicht erinnern, von meiner Mutter jemals eine gescheuert bekommen zu haben, auch meine Brüder nicht. Nur der Butz, der kriegte vom Vater ab und zu eins drübergezogen – und das gehörig. Er bekam auf dem nackten Po den Spannriemen zu spüren. Bei jedem Schlag, den Vater ihm verpasste, zuckte ich zusammen, als würde er mich schlagen. Butz gab keinen Ton von sich. Mir tat er trotzdem unwahrscheinlich leid. Egal, was er mal wieder ausgefressen hatte, gebracht haben Vaters Erziehungsmethoden eh nichts. Butz kam auf Ideen…! Einmal war unser einziges Fahrrad, das Vater gehörte, verschwunden. Butz hatte es doch tatsächlich dem Schrotthändler im Dorf, Robert Borries, verkauft. Dort konnte Vater es noch rechtzeitig zurückholen. Das nächste Mal verscheuerte er Papas Uhr an einen Wanderzirkus. Vater wusste einfach nicht mehr weiter.

Nur einmal war auch ich dran. Ich brauchte ein Seil zum Springen, hatte aber keins. So fragte ich Vater, ob er mir nicht eins von seinen Seilen zum Spielen leihen könne. Wohl wissend, wie flusig ich bin, warnte er mich:

„Vergiss nicht, es zurückzubringen, sonst ist es weg. Die Menschen klauen wie die Raben. Ich warne dich, wenn du es nicht zurückbringst, gibt`s was auf den Popo!"

Prompt ließ ich es liegen und vergaß es. Beim Abendessen schaute Vater mich mit forschendem Blick an:

„Übrigens, Moni, wo ist das Seil?"

Oh je, mir wurde heiß, Röte stieg mir ins Gesicht.

„Ich hol es schnell", stammelte ich, stand auf und lief hinaus. Wie Vater erwartet hatte, es war weg. Nirgends zu finden. „Was mach ich jetzt bloß?", schoss es mir durch den Kopf. Ich musste Zeit gewinnen, vielleicht wäre er dann nicht mehr ganz so böse, wenn ich zurückkam. Ohne Eile streunte ich durch die Gegend! Jedoch je länger ich wegblieb, desto mehr knurrte mein Magen. Wollte ich noch was zu Essen bekommen, musste ich zurück. Also schlenderte ich ganz langsam zurück und setzte mich, ohne ein Wort zu verlieren, wieder an den Tisch, der bereits abgeräumt war – nur Vater saß noch da. Er schien auf mich gewartet zu haben. Als er nichts in meinen Händen entdeckte, schaute er mich fragend an und sagte nur:

„Na, und?"

Ich hob meine Schultern und sagte mit zittriger Stimme:

„Es ist nicht mehr da!" Ich ahnte Schlimmes.

„Tja meen Deern, so leid es mir tut, Strafe muss sein, ich habe dich gewarnt!"

Er stand auf und ging in die Werkstatt. Überzeugend klang seine Stimme nicht. Irgendwie entstand eine seltsame Stimmung. Meine große Angst vor Schlägen ebbte ein wenig ab. Mit einem Spannriemen kam er zurück. Mit Argusaugen beobachtete ich ihn. Er stellte einen Küchenstuhl mitten in den Raum, setzte sich drauf und sagte mit forschem Tonfall:

„Hier, hinlegen mit dem Bauch zuerst!", er zeigte mit dem Finger auf seine Knie. Ich gehorchte. Widerwillig legte ich mich darauf. Er hob meinen Rock hoch, schob meinen Schlüpfer ein wenig runter und… ich spürte bei jedem Schlag mit dem Spannriemen mehr ein leichtes Prickeln als Schmerzen auf meiner Haut. Seiner einzigen Tochter weh zu tun, konnte er wohl doch nicht übers Herz bringen. Ich war mal wieder glimpflich davongekommen. Wütend auf die Person, die mir das Seil gestohlen hatte, schwor ich mir, das nächste Mal besser auf meine Sachen aufzupassen.

Prügelknaben gab es mehrere im Dorf, die es immer wieder hart traf. Den armen Tetsche Siemers traf es besonders hart. Nicht nur, dass seine Mutter ihn ständig verprügelte, sondern sie sperrte ihn auch oft tagelang in den Keller ein. Was tat er mir nur leid. Ich wunderte mich, warum nicht endlich mal ein erwachsener Dorfbewohner etwas unternahm, um diese Mutter daran zu hindern, ihr Kind so zu misshandeln.

Immer wieder büchste dieser arme Kerl aus, doch stets wurde er gefunden und musste zurück. Eines Tages hatte er eine besondere Idee. Er schlug sich bis Bad Oldesloe durch, meldete sich dort mit neuem Namen als Flüchtlingskind an und war für eine lange Zeit verschwunden. Die Kollower fragten sich, wo er diesmal so lange abgeblieben war. Ich hoffte inständig, dass ihm bloß nichts passiert sei. Irgendwann flog auch dieser Schwindel auf, er musste leider zum Drachen zurück. Schade! PS. Aus dem Prügelknaben, mit dem ich stets Mitleid hatte, ist gottlob etwas Anständiges geworden, sehr Anständiges sogar. Nach seiner Lehre als Stellmacher beim Tischler Fritz Powilleit verließ er Kollow. Er wurde Bauingenieur und lebte in Düsseldorf, weit weg von Kollow. Toll, super toll!

Nicht nur in einigen Familien war die Prügelstrafe verbreitet, auch unser Volksschullehrer, Hermann Becker, mischte kräftig mit. Er verprügelte auch die Jungs, die in der Schule gar nichts ausgefressen hatten. Schuld waren die Bauern. Ständig tauchten sie beim Lehrer auf und beschwerten sich über irgendwelche Jungs, die sie geärgert oder was anderes angestellt hatten. Auch, wenn der Bauer keinen erwischt oder gesehen hatte, der Lehrer musste die Strafe vollziehen, egal, wen es betraf. Meistens traf es nur die Kinder von armen Leuten, oft auch immer wieder dieselben.
Arnold hatte nicht nur dummes Zeug im Kopf, sondern wo seine Hilfe gebraucht wurde, half er auch. Besonders dem Lehrer gegenüber zeigte er sich sehr hilfsbereit und tat ihm so manchen Gefallen. Er spielte nicht nur den Schulboten für Hermann Becker, er brachte ihm auch die Zigaretten, die sein Vater extra für den Lehrer aus Hamburg besorgte hatte. Ein anderes Mal holte er gemeinsam mit Horst die Bücher von der Druckerei in Geesthacht ab. Trotzdem nahm Lehrer Becker den kleinsten Vorfall zum Anlass, um Arnold zu verprügeln. Hatte er das Gedicht nicht richtig gelernt, gab es Prügel, beim Vorrechnen an der Wandtafel schlug er ihm dauernd ins Gesicht, so dass Arnold völlig durcheinander war und gar nicht mehr rechnen konnte. Danach spuckte er auf dem Schulhof Blut aus seinem Mund. Einmal schrieb Arnold, als der Krieg vorbei war, das Wort Gewehr anstatt Flinte in seinem Aufsatz, wieder gab es Prügel.

Meine Brüder waren stets gewappnet. Bevor sie in die Schule gingen, legten sie sich eine dicke Pappe auf den Hintern. Denn meistens wurde ihnen der Hintern versohlt!

Kinderarbeit: Eigentlich hätte ich ja als einzige Tochter meiner Mutter im Haushalt helfen müssen. Ich hatte Glück, Mutter machte gern vieles selbst. Das ging ihr so schneller von der Hand. Da hatte sie ihre ganz eigene Taktik entwickelt. Ob es Kochen, Saubermachen oder Wäschewaschen war, sie machte aus allem nicht viel Theater.

Wollte sie abends mit einer Freundin nach Schwarzenbek ins Kino gehen, trommelte sie uns zusammen, schmierte schnell die Brote, verteilte sie unter uns, ließ einen großen Becher mit Muckefuck kreisen, so dass jeder von uns daraus trank. Fütterung der Raubtiere nannte sie es. Nachdem wir mit dem Essen und Trinken fertig waren, wusch sie den Becher ab, wischte die Krümel vom Tisch, fertig war sie. Das sparte Zeit, Geschirr und Wasser. Was sie nicht mochte, war Unordnung! Alles musste schön an seinem Platz sein. Wir hatten ja auch nicht viel davon – Platz, meine ich. Kam Mutter mal spät nach Hause, und wir hatten unseren Kram liegen lassen, hörten wir sie lauthals vom Schlafzimmer aus schimpfen! Aus dem Bett geholt hat sie uns aber nicht!

Fürs Arbeiten außer Haus wurde auch ich eingeteilt.

Mit den Worten:

„Heute bist du fürs Mittagessen zuständig", überfiel Mutter mich einmal, als ich gerade aus der Schule kam. Gleichzeitig drückte sie mir einen Spankorb und ein Kartoffelschälmesser in die Hand. Verdutzt schaute ich beides an und entgegnete:

„Mama, ich habe aber Hunger!"

„Ja, Kind, gleich, du brauchst nur noch schnell die Champignons zu holen!" Das sagte sie so, als bräuchte ich nur um die Ecke in einen Laden zu gehen und sie zu kaufen.

„Champignons? Mama woher denn?"

„Auf dem Weg nach Brunstorf, gleich neben dem letzten Haus, in dem Oma Elm wohnt, ist die Pferdekoppel übersät mit Champignons."

„Woher weißt du das, Mama?"

„Hab ich zufällig entdeckt, als ich vorhin bei Oma Elm war. Bring bitte einen Korb voll mit. Beeil dich! Ich schäle inzwischen schon mal die Kartoffeln."

Mit knurrendem Magen, aber folgsam lief ich los. Pilze waren mein Leibgericht.

Mama hatte Recht, es waren so viele, dass ich nur kleine und mittlere Champignons kurz über der Erde abschnitt, damit ich das Pilzgeflecht nicht beschädigte. Keine halbe Stunde später war der Spankorb randvoll mit frischen duftenden Champignons. Ein appetitanregender Geruch von frisch gebratenem Speck und Zwiebeln wehte mir bereits in der Diele entgegen.

Schnell putzten wir die Champions – wenig später hatten wir eine leckere Mahlzeit. Hmm, und stolz war ich auch noch!

Im Frühherbst wurden wir alle zusammengetrommelt, ab ging es in den Wald, Pilze sammeln. Mutter an vorderster Front, sie kannte sich am besten mit den Pilzen aus und begutachtete jeden einzelnen, gerade bei mir, damit wir keine giftigen anschleppten. Sie und meine Brüder kannten die besten Plätze. Pilze, die wir nicht sofort zum Essen schmorten, wurden geschnitten und getrocknet.

Ich weiß gar nicht, woher die Dorfjungs eigentlich die Zeit hatten, um all die Streiche auszuhecken und ständig die Bauern zu ärgern. Denn neben der Schule mussten sie ja ordentlich zu Hause mit anpacken, gerade die Älteren. Im Winter musste das viele Vieh versorgt werden, ob Stall ausmisten, Kühe melken oder das viele Vieh füttern: Alles musste noch per Hand erledigt werden. Bei uns wurde es im Winter ruhiger, denn unsere Schweine, Kaninchen und Hühner waren schnell versorgt; außer unsere Ziegen, die wurden täglich gemolken. Der Aufwand bei uns war ja bei Weitem nicht so groß wie bei den Bauern mit ihren vielen Kühen, Schweinen, Pferden, Gänsen und Hühnern, und allem, was sonst noch so fleucht und kreucht. Obwohl sie Knechte und Mägde hatten, war Kinderarbeit trotzdem noch an der Tagesordnung. Konnte ich doch froh sein, dass ich bis auf den kleinen Rolfi Brüder hatte, die alle älter waren als ich. In den Familien, in denen die Mädchen in der Mehrzahl waren wie bei Ingeborg, oder die Familien mit den vielen Kindern, wie bei den Hümpels, mussten auch die Mädchen ordentlich mit anpacken.

Wenn es um die Kartoffelernte ging, da spielten wieder meine Brüder in der ersten Reihe mit. Ich brachte ihnen lediglich mittags frischen Kaffee und belegte Brote hin. Hinter dem Pflug herzulaufen und den ganzen Tag in gebückter Haltung die vielen Kartoffeln einzusammeln, hätte ich auch gar nicht geschafft, schon gar nicht, den vollen Korb auf den Wagen zu hieven, um ihn auszuschütten. Das war schwerste Knochenarbeit, denn je schneller gesammelt wurde, desto mehr verdiente man. Es war Akkordarbeit auf dem Felde und nichts für zarte Mädchen, wie ich es war. Aber wenn die Kartoffelernte vorbei war, und der Bauer das Feld frei gab, ging auch ich mit einer Hacke aufs Feld, um Kartoffeln zu stoppeln. Man muss sich wundern, wie viele Kartoffeln noch in der Erde geblieben waren. Ich habe mal an einem Nachmittag einen ganzen Zentner zusammengestoppelt. Nauke und ich fuhren sie mit dem Blockwagen nach Hause, denn auch er hatte seinen Sack fast voll.

Herbstzeit war Einmachzeit, ob Fliederbeeren oder Brombeeren, ob Himbeeren oder die Schlehen im Spätherbst, alles konnten wir verwenden. Wahre Schätze wuchsen in der großen Knicklandschaft. Deshalb gab es zu Weihnachten auch Haselnüsse. Meistens verabredete ich mich bereits in der Schule mit einer Schulfreundin für den Nachmittag zum Beerenpflücken. Nicht nur meine Brüder, auch wir Mädchen kannten uns bestens in der Feldmark aus und wussten, wo die süßesten Früchte hingen. Zerkratzt an Armen und Beinen tauchten wir dann mit unseren vollen Körben wieder zu Hause auf. Wie waren wir Kinder stolz, wenn wir mit unserer Leistung für die Ernährung der Familie etwas beitragen konnten!

Kinderreich - Hümpel: Ingrid war in meinem Alter, jedoch lange nicht so verwöhnt wie ich. Sie wohnte nur zwei Häuser weiter. Ihr Vater hatte im Anbau des Hauses eine Schneiderei. Ihre Mutter war ein richtiger Kindernarr. Eine etwas rundlich und sehr gemütlich dreinschauende Person. Obwohl sie bereits einen ganzen Stall voller Kinder hatte, schwor sie sich, mit dem Kinderkriegen nicht vorher aufzuhören, bis sie einem Dutzend Kindern das Leben geschenkt hatte. Ich ging gern zu den Hümpels rüber, um Ingrid zu besuchen oder um sie zum Spielen herauszulocken, was nicht oft möglich war, denn nach der Schule war Ingrid zu Hause im vollen Einsatz. Sie war das älteste Mädchen im Haus, ihre ältere Schwester war bereits ausgezogen.

Ein sehr lebendiges Bild bot sich mir, wenn ich die große Wohnküche betrat. Meistens saß Frau Hümpel gemütlich auf der Bank, stets ein Kind auf dem Arm oder an der Brust, während sie die Fäden des Geschehens um sich herum in der Hand hatte. Die Kinder rannten umher, lachten, weinten oder schrien alle durcheinander und Ingrid mittendrin war mit der Hausarbeit beschäftigt. Wenn wir Glück hatten, durfte Ingrid mit mir für eine Stunde nach draußen zum Spielen. Einmal nahm sie mich mit in ihren Garten und zeigte mir voller Stolz einen kleinen Aprikosenbaum, der bereits Früchte trug. Ich durfte mir eine pflücken, aber sie war noch sehr fest im Fleisch und nicht süß.

Taschengeld: Das bekamen höchstens die Väter, wenn sie freitags ihre Lohntüte zu Hause bei Muttern ablieferten. Aber wir Kinder? Wo denkst du hin! So viel Geld gab es doch gar nicht. Wie gut, dass ich ältere Brüder hatte. Also, nur geärgert haben sie mich auch nicht. Ich habe viel von ihnen gelernt, gerade, was das Besorgen von Taschengeld angeht.

Unser Schrotthändler Borries kaufte uns so ziemlich alles ab, was wir anschleppten. Und das war nicht wenig. Lilla nahm mich anfangs oft mit auf Schrottsuche und zeigte mir die Unterschiede zwischen den einzelnen Metallen. Wir durchstöberten die Schuttkuhlen, denn alles, was die Dorfbewohner nicht mehr brauchten, luden sie dort ab. Vieles fanden wir in der Kollower Heide, dort lag oft Unrat herum, den wir zu Geld machen konnten. Ob Eisen, Blei, Leichtmetall oder Kupferdraht, Lilla kannte sich bestens aus in der Welt der Metalle. Selbst Knochen gehörten zu unserem Sammelgut.

Unseren Lohn bekamen wir nach Gewicht. Mein Gewinn landete meistens direkt im Tante-Emma-Laden. Davon hatten wir nach dem Krieg zwei im Dorf. Der eine gehörte Hugo Hümpel, einem Alteingesessenen, und lag mitten im Dorf neben unserer Dorfschule und der andere Laden, mein absoluter Favorit für Süßigkeiten, gehörte Gisela Gaubatz' Onkel. Nicht, weil er näher beim Schrotthändler lag, nein, weil er die schönsten Bonbons hatte. Verführerisch standen die großen Bonbongläser in Reih und Glied gleich am Eingang auf dem Tresen, gefüllt mit farbenfrohen Zuckerbonbons in allen erdenklichen Farben. Da lief einem beim Anblick schon das Wasser im Munde zusammen. Meistens reichte mein Geld nur für eine Tüte Himbeerbonbons.

Hatte ich mal etwas mehr Einnahmen, leistete ich mir Sahnebonbons – das Stück für 2 Pfennige. Dafür waren sie auch einzeln verpackt. Im Geldheranschaffen wurden wir immer erfinderischer. Im Herbst nahmen wir einen Spankorb und pflückten Fliederbeeren, die reichlich in den Knicks der Feldmark wuchsen. In Schwarzenbek versuchten wir sie dann für ein paar Groschen im Gemüseladen loszuwerden, was meistens klappte.

Warmer Geldregen: Mit einer einmaligen Idee, schoss Mutter den Vogel ab. Sie überraschte uns mit den Worten:
„Ich habe mir einen Plan ausgedacht, wie ihr in kurzer Zeit viel Geld verdienen könnt."
Wir spitzten unsere Ohren. Mutter stand vor dem Tisch und schmierte Brote. Das machte sie selbst, weil sie mit Recht befürchtete, wir würden uns sonst die Ziegenbutter und die Wurst zu dick aufs Brot schmieren. Noch immer musste sie mit den Lebensmitteln haushalten.
Die letzte Scheibe gab sie Lilla, dann legte sie das Messer zur Seite und schlug uns folgenden Plan vor:
„Die Wiesen und Kornfelder sind im Moment übersät mit Margeriten und Kornblumen, ihr braucht sie nur noch zu pflücken!"
„Ja und dann?", äußerst gespannt schauten wir Mutter an.
„Dann bringt ihr sie nach Hause, und wir binden gemeinsam schöne Blumensträuße daraus." Wieder machte sie eine kleine Pause, um die Spannung zu erhöhen. Sie hatte sichtlich ihren Spaß dran.
„Ja und weiter, was machen wir dann mit den Sträußen?", wollte jetzt Lilla wissen. Wir alle hingen an Mutters Lippen.
„Ihr verkauft sie in Hamburg, ich weiß auch schon wo!"
„Wo denn?", riefen wir gleichzeitig wie aus einem Munde. „Am Dammtor Bahnhof unter der Eisenbahnbrücke."
„Warum am Dammtor Bahnhof, warum nicht am Hauptbahnhof?", fragte Nauke.
„Bloß nicht am Hauptbahnhof, dort laufen zu viele Polizisten herum. Unerlaubt, Blumen zu verkaufen, ist in Hamburg verboten. Die schnappen euch sofort. Am Dammtor seid ihr sicherer, dort tauchen sie seltener auf. Aber aufpassen müsst ihr auch da!"
Wir waren Feuer und Flamme. Jeder wollte mitmachen.
„Wer hütet dann die Ziegen?", fragte Lilla, er wollte unbedingt dabei sein.

„Ist doch egal, wer was macht, das Geld wird hinterher unter allen aufgeteilt!", beruhigte Mutter und brachte so wieder Ruhe in unser Durcheinandergeplapper.

„So haben wir alle was davon", fügte sie noch hinzu.

Nauke und ich machten das Rennen. Butz beteiligte sich selten an irgendwelchen Unternehmungen. Er war ein Einzelgänger und streunte am liebsten allein durch die Gegend. Was er dort machte, wusste keiner so genau.

„Pflückt, so viel ihr könnt", gab Mutter uns am nächsten Tag mit auf den Weg.

Lange brauchten wir nicht zu suchen, bis wir vor einer Blumenwiese standen, auf der die weißen Margeriten im Überfluss wuchsen. Nur die kräftigsten und längsten schnitten wir ab und legten sie am Rande der Wiese fein säuberlich auf einen Haufen. Unweit der Blumenwiese entdeckten wir ein wogendes Kornfeld.

Als wir dem Feld näher kamen, bot sich uns eine derart intensive Farbenpracht, wie man sie nur bei einem strahlend blauen Himmel erleben kann. Das golden schimmernde Kornfeld war von einem Ring aus Kornblumen umgeben, dessen Blau mit dem blauen Himmel um die Wette konkurrierte.

Leuchtend roter Klatschmohn und weiße Margeriten durchzogen – wie Farbtupfer – dieses blaue Blütenband. Wir schnitten die Kornblumen, ohne auch nur einen einzigen Roggenhalm zu beschädigen. Eigentlich schade, dass sich die wilde Mohnblume nicht lange in der Vase hält. Am Ende band Nauke die Kornblumen zu einem dicken Bündel zusammen und drückte sie mir in die Arme. Dann gingen wir zurück zu den Margeriten, die dann Nauke nach Hause trug.

Mutter half uns beim Binden der Margeriten- und Kornblumensträuße, dann banden wir auch noch gemischte Sträuße. Über Nacht wurden sie ins Wasser gestellt.

Voll beladen fuhren wir gleich nach der Schule am nächsten Tag mit dem Bus nach Schwarzenbek und von dort mit dem Zug weiter nach Hamburg.

Die vorbeieilenden Menschen unter der Brücke in der Dammtorstraße rissen uns die Blumen förmlich aus den Händen. Sie fragten gar nicht erst nach dem Preis, sondern schmissen uns die Scheine nur so zu. Auch war ihnen egal, welchen Strauß sie ergatterten. Hauptsache Blumen!

„Das gibt's ja nicht, Mensch Gisela, wo kommst du denn her", rief Nauke freudig überrascht! Urplötzlich stand Gisela Eichfeld vor uns.

„Ich wohne hier gleich um die Ecke in der Esplanade", klärte Gisela uns auf.

Sie befand sich auf der anderen Straßenseite, als sie uns entdeckte. „Die Meyers verkaufen Blumen am Dammtor. Was für eine tolle Idee!", meinte sie zu Nauke gewandt.

Nauke strahlte übers ganze Gesicht.

Gisela war damals mit ihren Eltern in den Hamburger Bombennächten aufs Land geflüchtet und wohnte vorübergehend beim Bauern Willi Schmidt. Längst waren sie nach Hamburg zurückgekehrt. Die Wiedersehensfreude zwischen Nauke und Gisela war groß. Sie waren im selben Alter und hatten oft miteinander gespielt.

„Kommt mit, ich zeig euch ‚Planten un Blomen', schlug Gisela vor, als wir kurz darauf den letzten Strauß verkauft hatten.

Ein paar Groschen kostete der Eintritt. Wir hatten ja genug davon. Wir waren nur noch am Staunen, als Gisela uns durch den wunderschönen, gepflegten Park mit dem Teich in der Mitte direkt zum großen Spielplatz führte. Wir probierten sämtliche Spielgeräte aus.

Bevor wir wieder nach Hause fuhren, nahm Gisela uns noch mit in die Esplanade, sie wollte uns ihr Zuhause zeigen. Vor einem Haus blieb sie stehen, zeigte mit dem Finger nach oben und sagte:

„Dort oben im dritten Stock wohne ich."

Komisch, mit raufgenommen hat sie uns nicht.

Nauke hob eine etwas längere Kippe von der Straße auf und verschwand nebenan in einer gut erhaltenen Hausruine. Wir hinterher. Er holte Streichhölzer hervor, zündete sich die Kippe an, nahm einen tiefen Zug, formte seine Lippen zum Kreis und blies so den Rauch in lauter Kringeln wieder aus. Dann reichte er Gisela den Stummel. Auch sie nahm einen langen Zug und gab an Nauke zurück. Das gefiel mir nicht!

„Darf ich auch mal dran ziehen?", fragte ich Nauke scheinheilig.

„Klar, hier", er schob sie mir in den Mund.

Anstatt dran zu ziehen, packte ich sie und warf sie schnell auf den Boden. Bevor Nauke reagieren konnte, zermalmte ich sie genüsslich mit dem Schuh.

Wütend schrie er mich an:

98

„Bist du total verrückt geworden?", er holte zum Schlag aus. „Wenn du mir eine runterhaust, werde ich dich zu Hause verpetzen!" entgegnete ich entschlossen. Wütend ließ er seine Hand sinken. „Ich will doch nur, dass du nicht rauchst!" Meine Stimme hatte einen leicht erzieherischen Tonfall. Ich bildete mir doch tatsächlich ein, ich könnte ihn vom Rauchen abhalten.

Todmüde kamen wir spät abends von unserem erlebnisreichen Tag nach Hause. Stolz wie Oskar überreichten wir Mutter die alte abgewetzte Aktentasche, prall gefüllt mit Reichsmarknoten. Leider verloren sie durch die galoppierende Inflation täglich an Wert. Immerhin, mit der Idee von meiner Mutter hatten wir den Vogel abgeschossen.

Der Donnerbalken

Mal wieder hatten sich Jungs und Mädchen aus dem Dorf bei uns auf dem Hof eingefunden. Niemand wurde vom Hof gejagt. Platz war genug da.

Außerdem war das Haus ein idealer Spielort für uns Kinder bei schlechtem Wetter. Die große Diele reichte bis zum hinteren Wohntrakt. Vorn neben der Diele lagen links und rechts die Stallungen für das Vieh. Wir hatten Schweine und Ziegen im Stall, und Giselas Eltern hatten eine Kuh. Über den Stallungen und dem etwa einen Meter höher gelegenen Heuboden, der über die gesamte Breite des Hauses verlief, befand sich ein offener Zwischenraum, den wir Hill nannten. Mitten über der großen Diele befand sich eine offene Heuluke für den Heuboden. An dieser Luke hatte Vater links und rechts eine dicke Kette angebracht, an deren unterem Ende ein Brett fest montiert war, unsere Schaukel.

Großer Andrang herrschte auf unserer Kettenschaukel. Wie oft schaukelten wir zu zweit drauf, ein Mädchen saß in der Mitte und ein starker Jung schaukelte im Stehen. Das konnte ganz schön gefährlich werden, wenn wir zu hoch hinaufschaukelten.

Wurde es draußen schummrig, spielten wir Verstecken drinnen weiter. Da waren wir, die Meyers und Gisela, unsere Nachbarstochter, im Vorteil. Zwischen all den Viehställen und der Hill, dem Heuboden und den Schornsteinen sowie dem Dachboden und den Wohnräumen, befanden sich große und kleine Hohlräume.

Es waren die idealsten Verstecke, wenn wir spielten. Manchmal krabbelten wir nur durch eine kleine Öffnung, um in den nächsten Hohlraum zu gelangen.

Es war dann schwer für unsere Freunde aus der Nachbarschaft, uns zu finden. Wie oft musste ein Suchender aufgeben, weil er uns einfach nicht fand.

Im Eifer des Spielens merkte ich plötzlich, dass ich dringend musste und lief schnell nach draußen zu unserem Plumpsklo, den meine Brüder Donnerbalken nannten. Der war in unserem Holzschuppen integriert. Hastig riss ich die Tür auf und wich erschrocken zurück. Zwei schwarze Kulleraugen sahen mich überrascht und bösartig zugleich an. Unser ansonsten völlig harmloser Truthahn hatte es sich auf dem Klodeckel gemütlich gemacht. In Sekundenschnelle plusterte er sein schwarzbraunes Gefieder auf, streckte seinen Kopf hoch und versuchte, mit seinem spitzen Schnabel nach mir zu hacken. Dabei schnellte sein langer roter Hautlappen, der ihm zwischen den Augen bis weit über dem Schnabel hing, gefährlich hin und her. Schnell knallte ich ihm die Klotür vor der Nase zu und rief:
„Nauke, verjage bitte den Truthahn vom Klo!"
Vom Donnerbalken hatte ich vorerst die Nase voll und verdrückte mich auf Uhrbrocks Koppel hinterm Knick.

Ab in die Ferien

Tanten und Verwandten: Was hatte ich nur für ein Glück mit meinen lieben Verwandten. Sie mochten mich. Sehr sogar! Bestimmt weil ich ein Mädchen war! Söhne hatten sie selber, aber keine Töchter.

„Wenn du Lust hast", sagte Tante Meta, als wir sie zu einer Familienfeier in Kasseburg besuchten, „kannst du in den großen Ferien zu mir kommen!"
Und ob ich Lust hatte.
Sie war eine Schwester meines Vaters und hatte den elterlichen Bauernhof, auf dem auch Vater geboren wurde, geerbt. Dank Onkel Arthur, ihrem Ehemann, konnte sie ihre vier Geschwister auszahlen. Es wurde damals für Meta allmählich Zeit, zu heiraten; sie war nicht mehr die Jüngste. Jedoch selbst im Dorf war kein geeigneter Kandidat vorhanden. Kurzerhand inserierte sie in einer Zeitung für Partnervermittlung. Mit einem Batzen Geld im Gepäck gewann Onkel Arthur das Rennen. Jahrelang war er zur See gefahren und hatte seinen Lohn auf die hohe Kante gelegt. Das zahlte sich jetzt aus. So kehrte er der Seefahrt den Rücken zu und wurde Bauer. Es war kein großer Bauernhof, aber eine Familie konnte ganz gut davon leben.
„Wenn du zu mir in den Ferien kommst, nähe ich dir ein hübsches Kleid", lockte Tante Liesbeth aus Rethwischfeld. Wir drei standen draußen vor der Haustür auf dem Hof. Erwartungsvoll schauten beide zu mir herunter.
So einen Wirbel um meine Person hatte ich noch nicht erlebt. Bisher musste ich immer um alles kämpfen – hier wollten mich gleich zwei Tanten in den großen Schulferien haben. Eine davon wollte mir sogar noch ein neues Kleid nähen! Ich war total aus dem Häuschen. Wenn das kein Angebot war.
Trotzdem schaute ich ein wenig verlegen von einer Tante zur anderen. Auf keinen Fall wollte ich es mir mit einer der beiden verscherzen. Einerseits wollte ich gern meine Ferien auf einen Bauernhof verbringen und andererseits lockte das neue Kleid von Tante Liesbeth. Sie war die Ehefrau vom Onkel Adolf, Vaters einzigem Bruder. Betreten schwieg ich noch immer, bis Tante Meta die Lösung hatte:
„Was hältst du davon, wenn du in der ersten Hälfte der Schulferien zu mir kommst, in der zweiten Hälfte fährst du nach Rethwischfeld?"
Ich war begeistert.
Endlich raus aus Kollow.
Mutter packte mir ein paar Sachen in die Tasche und brachte mich nach Schwarzenbek zum Bahnhof, damit ich auch ja in den richtigen Zug einstiege.

Denn der eine Zug fuhr nach Hamburg und der andere zunächst in dieselbe Richtung, bog dann aber später im Sachsenwald rechts ab und fuhr nach Trittau. Nur zwei Haltestellen weiter stieg ich in Möhnsen schon wieder aus. Onkel Arthur wartete bereits auf dem Bahnsteig auf mich. Ein wenig schüchtern ging ich auf ihn zu. Ich kannte ihn ja kaum. Meine Eltern hatten mich nur einmal mit zur Geburtstagsfeier nach Kasseburg genommen. Onkel Arthur war größer als Vater, hatte dunkle Haare und ausgeprägte buschige, schwarze Augenbrauen. Das ließ ihn düster aussehen. Freundlich lächelnd begrüßte er mich mit den Worten: „Schön Moni, dass du da bist, komm wir gehen zur Kutsche." Er nahm mir die Tasche ab. Das Eis war gebrochen. Onkel Arthur stieg vorn auf den Kutschbock und empfahl mir, mich auf die hintere Bank zu setzen.

Bei meiner Ankunft wartete nicht nur Tante Meta auf mich, sondern da waren auch ihre beiden Söhne, vier und zehn Jahre alt. Leider! Ich kam vom Regen in die Traufe. Gerhard, der jüngste Sohn, entpuppte sich als ein richtiger Quälgeist. Wenn es mein kleiner Bruder gewesen wäre, hatte ich ihm ein paar gelangt, aber das wagte ich nicht. Schließlich war ich auf Besuch. Irgendwann, als er mir ans Bein trat, knallte ich ihm doch eine. Schreiend lief er zu seiner Mutter. Als sie mich zur Rede stellte, zeigte ich ihr den blauen Fleck. Ab jetzt hatte ich meine Ruhe vor diesem kleinen Scheusal. Er beschränkte sich nur noch aufs Grimassen schneiden, wenn wir allein waren.

Rudolf, der genau so alt war wie ich, hatte, wie meine Brüder, mit Mädchen nichts am Hut. Er beachtete mich gar nicht, so, als sei ich gar nicht anwesend. Er war zu sehr mit den anderen Dorfjungs beschäftigt. Irgendwann schickte mich Tante Meta in den Gemüsegarten, Brechbohnen zu pflücken und Unkraut zu jäten. Also, die Ferien bei Tante Meta hatte ich mir doch anders vorgestellt.

Na ja, viel Zeit hatte sie nicht, musste sie doch auf dem Hof kräftig mitarbeiten. Lediglich am Wochenende marschierte sie mit mir durch die Feldmark, um mir ihre Felder oder, besser gesagt, die meiner Vorfahren zu zeigen. Meine Oma und Opa väterlicherseits habe ich nie kennengelernt. Meine Oma soll an einer Tuberkulose gestorben sein.

Kaum wieder zu Hause, träumte ich von den nächsten Ferien. Es lockte das versprochene Kleid!

Kurzerhand packte ich wieder ein paar Sachen zusammen und stiefelte diesmal allein los. Mutter lag im verdunkelten Schlafzimmer im Bett. Sie hatte Migräne. Den Weg von Bad Oldesloe nach Rethwischfeld hatte sie mir aufgeschrieben.

„Welchen Zug du in Schwarzenbek nehmen musst, weiß du ja schon, es ist der gleiche, mit dem du nach Möhnsen gefahren bist. Grüß alle schön!"

Einen Kuss auf die Wange und: „Tschüß!"

In unbändiger Reiselaune machte ich mich auf den Weg. Am Bahnhof Oldesloe nahm ich den Zettel in die Hand: Familie Adolf Meyer, Rethwischfeld, stand oben drüber. Bis zur Landstraße, die nach Rethwischfeld führte, hatte ich mich schon durchgefragt. Einsam, aber voller Erwartung, lief ich die von Feldern gesäumte Landstraße entlang, bis sie sich in einer scharfen Kurve nach links abzweigte. Geradeaus führte eine Schotterstraße über einen Hügel. Neben dem Schotterweg waren Menschen auf einer Wiese mit der Heuernte beschäftigt. Einige trugen Strohhütte, einige Kopftücher, die sie vor der sengenden Mittagssonne schützten. Mit der Heugabel kehrten sie das halbtrockene Heu um. Ich stellte mich an den äußersten Rand der Wiese und rief:

„Guten Tag, darf ich Sie mal was fragen?"

Von meiner Stimme hochgeschreckt, hielten sie inne und schauten zu mir herüber. Eine Frau mit einem Strohhut und der Heugabel in der Hand kam etwas näher an mich heran.

„Dann leg mal los!", rief sie zurück.

„Ich suche den Ort Rethwischfeld?"

„Welches Rethwischfeld denn?" Inzwischen hatte sie den Zaun erreicht.

„Das weiß ich auch nicht?"

„Tja, es gibt, mehrere Orte mit dem Namen Rethwisch, sie liegen alle weit verstreut auseinander, gehören aber alle zusammen zu Rethwischdorf."

„Es muss aber hier in der Nähe sein, sehen Sie, meine Mutter hat es mir hier aufgezeichnet." Ich reichte ihr den Zettel rüber.

„Ach, du suchst die Familie Adolf Meyer?", sie drehte sich den anderen zu und rief: „Kennt jemand von euch Adolf Meyer?"

„Oder Liesbeth Meyer", ergänzte ich."

„Oder Liesbeth Meyer!", rief sie.

„Ja, die kenn ich, die wohnt gleich hinter diesem Hügel in Rethwischfeld!", sagte eine zweite Frau. Sie kam jetzt auch näher. Also doch Rethwischfeld.

„Du brauchst nur den Weg weiter geradeaus zu gehen, dann läufst du direkt drauf zu. Dort stehen nur fünf Häuser, alle auf der rechten Straßenseite. Es ist das zweite Haus."

Ich bedankte mich und zog weiter. Die Tür stand offen. Tante Liesbeth wischte gerade den Flur.

Überaus herzlich schloss sie mich in ihre Arme und drückte mich ganz fest an sich, als wolle sie mich gar nicht wieder los lassen.

„Bist du etwa ganz allein gekommen, wo ist deine Mutter?"

„Mama liegt krank im Bett!"

„Oh, das tut mir leid. Ich freue mich, dass du gekommen bist!"

War das eine schöne Begrüßung! Soviel Herzlichkeit kannte ich gar nicht.

Außer, dass Onkel Adolf etwas kleiner war als mein Vater, sah er ihm täuschend ähnlich. Hier fühlte ich mich wohl, hier war ich vom ersten Tag an zu Hause.

Tante Meta war zwar nett zu mir, aber sie strahlte nicht so eine Herzlichkeit aus wie Tante Liesbeth und Onkel Adolf.

Gleich nachdem Onkel Adolf von seiner Schwester Meta sein Erbe ausgezahlt bekommen hatte, bauten sich Tante Liesbeth und Onkel Adolf hier in Rethwischfeld ihr Haus. Viel war es ja nicht, was die einzelnen Erben ausbezahlt bekommen hatten. Deshalb fragte Onkel Adolf meinen Vater, ob er ihm nicht seinen Erbanteil leihen würde. Da mein Vater erst später ein Haus bauen wollte, lieh er seinem Bruder das Geld.

Das war Vaters Pech. Nachdem Onkel Adolfs Haus fertig war, kam die Währungsreform. Und das Geld war futsch. Adolf und Liesbeth brauchten lediglich den Kurswert zurückzahlen.

Mit meinem Cousin Adi, gleichaltrig wie ich, verstand ich mich auf Anhieb. Wir unternahmen viel miteinander. Er war stolz auf seine Cousine, und schnell wurde ich in die Dorfgemeinschaft aufgenommen; wenn man die fünf Hauser und einen Teich als Dorf bezeichnen konnte. Fasziniert hat mich die unmittelbar angrenzende Autobahn, die A 1 zwischen Hamburg und Lübeck. Keine hundert Meter war sie von der Ortschaft entfernt.

Am Wochenende setzten wir uns an den Waldrand neben der Autobahn und zählten die verschiedenen Auto- und Motorradtypen, die vorbeirauschten. So lernte ich schon früh alle Automarken kennen. Na ja, viele gab es ja noch gar nicht. Adi und ich wurden Freunde fürs Leben.

Später, als ich längst verheiratet war, überraschte Tante Liesbeth mich mit den Worten:

„Und ich dachte immer, du und Adi, ihr beide heiratet mal."

„Aber Tante Liesbeth, er ist mein Cousin, der nicht nur wie meine Brüder aussieht, er ist auch wie ein Bruder für mich."

Übrigens, als ich wieder nach Hause fuhr, hatte ich ein wunderschönes neues Sommerkleid im Gepäck. Tante Liesbeth hatte ihr Versprechen gehalten.

Zurück zu Hause, war es erstmal vorbei mit Faulenzen. Mutter gab mir und Nauke einen Jutesack und schickte uns auf ein abgeerntetes Kornfeld, um Ähren zu sammeln. Der Mähdrescher schaffte es nicht, das Kornfeld völlig sauber abzuernten. So blieben genug Ähren auf dem Boden oder an abgeknickten Halmen für uns Ährensammler liegen. Den ganzen Sommer über liefen wir Kinder barfuß durchs Dorf. Auch zum Ährensammeln zogen wir uns keine Schuhe an. Entweder wir liefen in den Furchen zwischen den abgeschnittenen Strohalmen oder streiften mit den Füßen die kurzen Halme platt, als ob wir schlurften, damit uns die Stoppeln nicht verletzten. Auch, wenn wir bereits dicke Hornhaut unter den Füßen hatten, die abgeschnittenen Strohhalme waren messerscharf. Die abgesammelten Ähren wurden zu Hause gedroschen und die Körner dann im Winter an die Hühner verfüttert. Am nächsten Tag waren die Schulferien vorbei.

Dann ging es Schlag auf Schlag. Für die nächsten Jahre entwickelten sich für mich ungeahnte Ferienaussichten.

Ob es sich in der Verwandtschaft rumgesprochen hatte, dass ich inzwischen ein sehr selbstständiges Mädchen geworden war?

Nicht nur bei meinen Dorftanten, denn auch bei Tante Ella, die ihr Haus in Friedrichsruh mitten im dichten Sachsenwald hatte, durfte ich meine Ferien verbringen, nein, auch bei meinen Stadttanten konnte ich mein Ferienlager aufschlagen. Somit hatte ich viele Eisen im Feuer. Meine Lieblingstante wurde Tante Henny aus Hamburg-Barmbek.

Wegen ihrer Ausbombung musste sie mit einer Kellerwohnung vorlieb nehmen. Zunächst schlief ich bei ihr auf der Couch. Später, als ihr Mann Onkel Emil verstarb, schlief ich gemeinsam mit Tante Henny in ihrem großen Doppelbett.

Immerhin hatte sie ein großes Wohnschlafzimmer und eine Wohnküche, fließend Wasser sowie ein Spülklosett. Tante Henny hatte viel Zeit für mich, denn ihre Kinder waren schon längst aus dem Haus. Sie war ja meine Großtante. Oft besuchte sie Verwandte und Freunde, von denen sie sehr viel hatte – überall durfte ich mit. Ich sperrte Augen und Ohren auf, was sie so alles erzählten. Sie redeten mit mir über Gott und die Welt, als sei ich bereits erwachsen. Etwas ganz Besonderes war der Besuch bei Hagenbecks Tierpark. Hier waren die Tiere der ganzen Welt zu Hause. Verglichen mit anderen Tierparks, hatte Hagenbeck bereits zu der Zeit einen überdurchschnittlich großen Auslauf für seine Tiere. Die U-Bahn, die schon damals als Ring um die Stadt fuhr, hielt in Barmbek, nur ein paar Schritte von Tante Hennys Wohnung entfernt. Stets stand ich vorn im ersten Wagen und drückte meine Nase an der Glasscheibe, die das Abteil vom Führerhaus trennte, platt, um zu beobachten, wie die Bahn über die Gleise dahinflog. Wenn wir dann am Hafen bei den Landungsbrücken ankamen, wäre ich am liebsten auf eins der Schiffe umgestiegen, um in die weite Welt hinauszuschippern.

Überwältigt war ich von der Größe des Ohlsdorfer Friedhofs, dem größten Parkfriedhof der Welt, mit seinen alten Grabstätten und den gewaltigen Grabsteinen, den überlebensgroßen Engeln und den Mausoleen der reichen Hamburger. Weit durfte ich mich nicht von Tante Henny entfernen, sonst hätte ich mich verlaufen. Mich wiederzufinden, wäre wegen der vielen Bäume und der gewaltigen Rhododendronbüsche nicht leicht gewesen. Zwölf Kapellen von Grabfeldern umgeben, verteilen sich auf 391 Hektar Parklandschaft.

War das Wetter schön, gingen wir in den Stadtparksee baden, der war auch gleich um die Ecke. Tante Henny war nicht nur für mich, auch für meine Brüder sowas wie eine Oma, war sie doch unsere Großtante, die Schwester meiner richtigen Oma, die sich das Leben genommen hatte, als Mutter zwölf Jahre alt war.

Kam ich dann von meinen Ferien nach Hause, hatte ich so viele Geschichten zu erzählen, dass Gisela mir mal sagte:

„Wo du überall deine Ferien verbringst? Wer hat schon Verwandte in Hamburg? Da kann man richtig neidisch werden."

Wenn dann auch noch unser Lehrer, Hermann Becker, uns im Erdkundeunterricht die einzelnen Länder der Welt mit spannenden Erzählungen näher brachte, nahm ich mir fest vor: Wenn ich groß bin, bereise ich die Welt.

Mit dem Drahtesel auf großer Fahrt: Wagten sich zwei pfiffige Jungs aus Kollow hinaus in die Welt. Bis in den Kohlenpott – sie waren ja auch schon vierzehn Jahre alt, als sie sich mit ihren Fahrrädern auf den Weg machten. Arnold musste mit der alten Gurke, die Otti bei der Ausbombung gerettet hatte, vorlieb nehmen. Bevor es losging, musste er den alten Drahtesel erst einmal auf Vordermann bringen. Horst hatte da mehr Glück, er bekam von seinem älteren Bruder ein nagelneues Fahrrad geschenkt. Ein unvorstellbarer Luxus. Damit war es dann auch schon vorbei mit dem Luxus. Eine Dreiecksplane, ein paar Klamotten, Proviant und etwas Taschengeld mussten für die sechswöchige Reise ins Ruhrgebiet reichen. Die beiden wollten dort Verwandte besuchen. Schlaue Burschen, wie die Kollower Jungs nun mal waren, fuhren sie abends stets einen Bauernhof an. Höflich fragten sie: „Dürften wir vielleicht bei Ihnen in der Scheune übernachten? Und haben Sie zufällig noch was vom Abendessen übrig?" Wenn sie dann noch ihre Geschichte erzählten, woher sie kamen und wohin sie wollten, waren ihre Gastgeber begeistert von dem Mut der Jungs. Ab und zu klopften sie auch mittags – wo sie gerade vorbei kamen – an die Tür. So manche Hausfrau ließ sich nicht lumpen und tischte den beiden auf, was sie gerade da hatte. Gerade im Weserbergland waren die Menschen sehr hilfsbereit und gastfreundlich. So kamen die beiden gut über die Runden und brauchten keinen Kohldampf zu schieben. Natürlich gab es nicht immer Sonnenschein oder gastfreundliche Leute. Es kam auch schon mal vor, dass sie bei heftigem Gewitterregen im Freien unter der Plane, die sie an drei Ecken mit Holzpflöcken in der Erde befestigten, schlafen mussten. Um nicht auf dem nackten Boden vom durchfließenden Regenwasser durchnässt zu werden, kleideten sie ihn mit Stöcken und Reisig aus und versuchten darauf mehr schlecht als recht zu schlafen.

Von Stunde zu Stunde wurde Horst aufgeregter, als sie auf Hamm zu radelten. Endlich würde er seinen Vater nach drei langen Jahren wieder sehen, denn bei der Flucht 1945 hatten sie sich aus den Augen verloren.

Kurz vor Hamm bogen sie nach rechts und folgten dem Weg, der zum Gut führte. Dort wohnte und arbeitete sein Vater. Die Wiedersehensfreude war groß. Todmüde, aber glücklich durften sie ihre lahmen Glieder in weichen Betten ausstrecken. Der Vater und sein Arbeitskollege schliefen zur Abwechslung mal im Heu. Auch der Gutsherr verwöhnte sie mit leckerem Essen. Nach zwei Tagen hieß es wieder Abschied nehmen, gestärkt radelten sie zum nächsten Ziel nach Herne, zu Arnolds Tante, Frieda Ring, die bereits 1947 Kollow wieder verlassen hatte und mit ihren beiden Söhnen nach Herne gezogen war. Von dort wurde Horst von seinem Bruder abgeholt, der in Gelsenkirchen wohnte. Bis die beiden wieder zurück gen Norden radelten, genossen Horst und Arnold die nächsten Ferientage jeder für sich bei seinen Verwandten. Arnolds Cousin wartete mit einer ganz besonderen Überraschung auf. In der Nachtschicht nahm er Arnold mit ins Kohlebergwerk. Dort tauchten sie 500 m tief in den Stollen hinab – und Arnold staunte.

Als die beiden Jungs wohlbehalten, aber mit abenteuerlichen Reiseerlebnissen im Gepäck wieder zu Hause ankamen, schrieb Arnold einen fünfzigseitigen Aufsatz darüber. Stolz las er die Geschichte in seiner Schule in Wangelau vor, denn inzwischen waren seine Eltern nach Wangelau gezogen.

Halbnackte Überraschungen

Seltsamer Baumschmuck: Ja, ja, meine lieben Brüder – eigentlich hätten sie mich als einziges Schwesterherz verwöhnen müssen. Taten sie aber nicht! Jedenfalls, solange ich denken kann, nicht! Irgendwie hatten wir immer Meinungsverschiedenheiten. An wem das wohl lag?

Denn viel anders als meine Brüder habe ich mich auch nicht benommen.

Hinzu kam nicht nur mein unbeschreiblicher Dickkopf, sondern ich entwickelte mich zu einer Zicke. Wenn meine Brüder sich abrackern mussten und Wasser schleppten, Holz hackten oder Ziegen hüteten, machte ich mich aus dem Staub.

Meistens freuten sie sich dann, wenn sie mir eins auswischen konnten!

Nicht nur ich hatte viel Ärger mit meinen Brüdern, auch meine Brüder hatten viel Ärger mit mir.

Unsere Kleider wurden nur am Wochenende gewechselt. Das heißt: Nur sonntags durften wir unser gutes Zeug tragen. Am Montag gab es dann saubere Kleidung für wochentags. Wir mussten schon darauf achten, dass wir während der Woche einigermaßen sauber über die Runden kamen. Es war für Mutter auch so schon eine Meisterleistung, die Wäsche für uns alle ohne Wasseranschluss zu waschen.

Noch ein wenig verschlafen starrte ich auf den leeren Stuhl, der neben meinem Bett stand. Da, wo noch gestern Abend meine Klamotten lagen, lag heute nichts mehr. Sie waren weg. Ich war mal wieder die Letzte. Meine Brüder waren bereits unten am Frühstückstisch. Bevor auch ich runter ging, suchte ich jeden Zentimeter des Zimmers ab.
Nichts! Meine Sachen waren verschwunden, wie vom Erdboden verschluckt. Im Hemd und Schlüpfer lief ich runter in die Küche.
„Mama, wo sind meine Anziehsachen?"

Sie schüttelte nur mit dem Kopf und tat so, als wüsste sie von nichts. Wie immer!
„Mama, ich frier, sag mir, wo die Sachen sind!", bettelte ich und stampfte entschlossen mit dem Fuß auf. Meine Mutter lächelte nur und schaute dabei aus dem Fenster. Ich folgte ihrem Blick und staunte. Verstreut hingen meine Kleidungsstücke im Pflaumenbaum.

109

Womit hatte ich meine Brüder bloß wieder so verärgert, dass sie sich mit dieser blöden Idee rächten! Mir blieb nichts anderes übrig, als in Hemd und Schlüpfer in den Baum zu klettern, um Stück für Stück wieder herunterzuholen.

Kätchen: Diesmal drehte ich den Spieß um, nicht ich war halbnackt, sondern Kätchen.

„Moni wollen wir Kippel-Kappel spielen?", rief Gisela mir entgegen, als ich aus der Küchentür in die Diele trat. Sie saß auf der Schaukel, die unter der Heuluke hing, und schaukelte lustlos hin und her.

„Ja, tolle Idee, ich hol nur schnell meinen Kippel und Kappel", rief ich zurück und verschwand wieder durch die Küchentür.

Richtig stolz war ich auf den langen Stock, den Kappel, den mir Lilla mit hübschen Schnitzereien verziert hatte.

Während ich in gebückter Haltung mit dem Kappel auf dem Hof vor unserer Mooskate eine längliche Rille ins Erdreich buddelte, stieß Gisela mich an, beugte sich zu mir runter und flüsterte mir ins Ohr: „Guck mal, Moni, da kommt Kätchen. Die hat doch tatsächlich deine Bluse an."

„Waaas, welche Bluse denn?" Mein Kopf schnellte nach oben. Mein Blick folgte Giselas ausgestrecktem Arm, der in Richtung Rübenmiete zeigte. Tatsächlich! Kätchen trug meine hellblaue Bluse.

Ausgerechnet diese Bluse mit den rosafarbenen Borten am Kragen und an den Puffärmeln. Meine Lieblingsbluse. Mein Vater hatte sie mir vor ein paar Jahren von einer Reise mitgebracht. Heiß und innig liebte ich diese Bluse.

Unbekümmert hüpfte Kätchen auf der Rübenmiete umher. Ihre dicken dunkelblonden Zöpfe wippten auf und ab. Das Blau der Bluse leuchtete in der strahlenden Frühlingssonne besonders intensiv.

„Ich glaube es nicht, was ich da sehe und überhaupt, wie sieht die denn in meiner Bluse aus, die ist ihr ja viel zu groß", stellte ich empört fest. Kätchen war jünger als ich.

„Wo hat die nur die Bluse her?"

„Na, bestimmt von deiner Mutter, die verschenkt doch sowieso alles, das weiß doch jeder hier im Dorf", stellte Gisela klar.

„Aber nicht meine Bluse, nee, die nicht!"

Ohne weiter zu überlegen, ging ich schnurstracks auf Kätchen zu, lächelte sie scheinheilig an und schmeichelte mit säuselnder Stimme:

„Kätchen, hast du aber eine schöne Bluse an. Lass mal gucken, die ist ja wunderschön." Zuerst streichelte ich mit der rechten Hand über die Bluse, dann knöpfte ich mit zittrigen Händen und klopfendem Herzen einen Knopf nach dem anderen auf. Dabei wiederholte ich ständig irgendwelche blödsinnigen Komplimente. Komischerweise hielt Kätchen ganz still. Sie rührte sich nicht vom Fleck. Ganz unsicher beobachtete sie mein Wirken. Kaum hatte ich den letzten Knopf geöffnet, riss ich ihr die Bluse förmlich vom Leib und rannte, so schnell ich konnte, mit der Bluse unterm Arm auf unser Haus zu. Gisela hatte diesem Schauspiel amüsiert zugeschaut.

„Versteck dich doch in unserem Kuhstall", raunte sie mir noch beim Vorbeilaufen zu.

Ich lief durchs offene Holztor, schwenkte nach links, öffnete die Tür zu Gaubatz` Kuhstall und versteckte mich am äußersten Ende des Stalles hinter einer Strohgarbe. Dann wartete ich und starrte nicht nur auf die Stalltür, sondern auch aufs Hinterteil der Kuh. Zur Begrüßung ließ die schwarzgescheckte Kuh ein paar Kuhfladen fallen. Platsch!

Bedrohlich näherte sich ein schreckliches Gebrüll. Kätchen weinte und ihre Mutter schimpfte lauthals durch die Gegend. Kaum hatten sie unsere Diele betreten, wurde eine Tür geöffnet. Die Stimme meiner Mutter fragte völlig überrascht:

„Was ist denn hier los?"

Die Tür zum Kuhstall wurde aufgerissen. Mein Herz blieb fast stehen vor lauter Angst. Puh, erleichtert atmete ich auf, es war nicht meine Mutter. Vom Geschrei in der Diele neugierig geworden, wollte Frau Gaubatz, Giselas Mutter, das Spektakel vom Kuhstall aus mitkriegen. Als sie mich hinter dem Stroh entdeckte, legte ich schnell meinen Finger auf den Mund. Sie lächelte und schwieg.

Während Kätchen immer noch brüllte, pöbelte ihre Mutter:

„Din Dochter häd min Dochter de Blaus uttrocken!"

(Deine Tochter hat meiner Tochter die Bluse ausgezogen!(

„Oh, Gott, oh Gott!", rief Mutter entsetzt.

Dann nahm ihre Stimme einen bedrohlichen Klang an:

„Ja, wo ist sie denn überhaupt?"

Das wusste natürlich niemand, wohin ich mich verkrochen hatte.
„Na, die soll mir nach Hause kommen!", drohte Mutter
Als gebürtige Hamburgerin verstand meine Mutter zwar Plattdeutsch, sprach es aber selber nicht. So ging das Palaver zwischen Plattdeutsch und Hochdeutsch noch eine Weile hin und her. Dann war der Spuk endlich vorbei, und es wurde wieder ruhiger im Haus. Heimlich schlich ich mich aus dem Kuhstall, durchquerte die Diele und ging die knarrende Holztreppe möglichst vorsichtig nach oben ins Kinderzimmer. Dort versteckte ich meine zurückgewonnene Bluse in der untersten Kommodenschublade.

Eine ganze Weile harrte ich noch da oben aus. Dann fasste ich all meinen Mut zusammen und ging nach unten zu meiner Mutter in die Küche.
„Kind, warum hast du Kätchen die Bluse ausgezogen, was hast du dir nur dabei gedacht?"
Heulend und schluchzend verteidigte ich mich: „Mama, das ist doch meine Lieblingsbluse. Die hat Papa mir geschenkt. Ich will sie behalten, die darfst du nicht Kätchen geben!"
„Na ja", meinte Mutter nur, „auf jeden Fall ist sie dir inzwischen viel zu klein."
Damit war die Geschichte für Mutter erledigt

Stolz trug ich weiterhin meine Bluse durchs Dorf.
Obwohl, so ganz wohl fühlte ich mich in meiner Lieblingsbluse doch nicht mehr. Meine Mutter hatte Recht, sie war ein bisschen zu eng geworden. Die Knöpfe ließen sich nur schwer zuknöpfen, und an den Ärmeln zwickte es auch. Aber wieder hergeben, nein, niemals!

Unfassbare Geschehnisse

Froschkonzert: Die ersten warmen Sonnenstrahlen lockten mich nach draußen. Endlich wieder Kniestrümpfe tragen! Einen Augenblick setzte ich mich auf die Bank vorm Haus und spürte die wohlige Wärme der aufgeheizten Backsteine in meinem Rücken. Eine Amsel flog mit kleinen Reisigzweigen im Schnabel zu ihrem Nest im Pflaumenbaum.

Überhaupt, durch die vielseitige Knicklandschaft in der Feldmark um Kollow herum, brüteten im Frühjahr Tausende Singvögel. Nun waren meine Brüder wieder am Werk. Sie suchten in den Knicks nach Vogelnestern, in denen frisch gelegte Vogeleier zum Brüten lagen. Aus jedem Nest nahmen sie ein Ei. Mit der Stopfnadel stachen sie oben und unten ein Loch ins Ei und pusteten den Inhalt heraus. Wie Perlen an der Kette reihten sie die Eier auf einem Band und spannten es oben in unserem Kinderschlafzimmer von Wand zu Wand. Jedes Ei hatte ein anderes Muster und Farbe. Lilla kannte sämtliche Vogelarten, aus deren Nestern er die Eier stibitzte. Er erklärte mir, welches Ei zu welchem Vogel gehörte. Stets beruhigte er mich mit den Worten:

„Du brauchst keine Angst haben, die Vögel legen die Eier, die ich 'raushole, genau wie die Hühner, nach."

Animiert vom Tatendrang der Amsel, die emsig an ihrem Nest im Pflaumenbaum bastelte, stand auch ich auf, um meinen Handstand an der Wand zu trainieren. Später wollte meine Schulfreundin Liesbeth vorbeikommen, um mit mir einen gemeinsamen Handstand zu üben. Einen Kopf-vor-Kopf-Handstand. Nicht nebeneinander, sondern voreinander. Unermüdlich probierte ich, um möglichst lange auf meinen Händen stehen zu können. Plötzlich hielt ich inne. Es klapperte vom Dach. Schnell stellte ich mich wieder auf die Füße und schaute hoch. Wie schön, unser Storchenpaar vom letzten Jahr war wieder da. Mein Herz hüpfte vor Freude. Bald würden wir kleine Störche beobachten können, denn nicht jedes Jahr kamen sie zurück. Jahrelang war auch auf dem Dach von Otto Schmidt ein Storchenpaar, bis eines Tages Hans Wilhelm Jenß ein Nest auf sein Haus baute, da zogen die Störche einfach um. Zu Fressen hatten sie ja genug in den Feuchtwiesen rund um die Linau.

An manchem Sommer wimmelte es im und um den Karpfenteich herum von Fröschen. Abends, wenn`s schummrig wurde, hallte ein gewaltiges Froschkonzert durch Kollow. Ich liebte diese Einschlafmusik.
Bis, ja, bis eines Tages nur noch ein klägliches Gequake zu hören war.

Hunderte von Fröschen hatte es erwischt. Plattgedrückt lagen sie auf der Dorfstraße. Es hieß: Es waren die Bauern mit ihren Pferdefuhrwagen. Außerdem sollen Dorfjungs mit einem Stock nachgeholfen haben. Entrüstet fragte ich Nauke:

„Warum hab ihr das getan?"

„Das waren nicht wir, das waren die Bauern.", klärte er mich auf.

„Aber warum denn?"

„Weil ein Bauer nicht warten kann, bis Hunderte von Fröschen ihre Wanderung von den Feuchtwiesen über die Straße in den Karpfenteich beendet haben. Bei einer derartigen Froschplage, wie wir sie in diesem Jahr haben, wurden sie eben platt gefahren!" Er grinste so komisch übers ganze Gesicht.

Wochenlang lagen die von der Sonne ausgetrockneten Froschhäute nicht nur auf der Straße, sondern auch verstreut im weichen Gras, das den Teich säumte. „Wie kam ein Bauer mit seinem Pferdefuhrwagen überhaupt dorthin?", fragte ich mich. Ich war traurig und stinksauer zugleich – auf meine Brüder, auf die Bauern und auf alle anderen Jungs im Dorf. Das Leben im Dorf konnte ganz schön grausam sein!

Was Nauke mir erzählte, war nur die halbe Wahrheit!

Die wahre Geschichte dieses grausamen Geschehens erfuhr ich viel später vom Arnold. Er beichtete mir:

„Ein Bauer hatte uns erzählt, dass die vielen Frösche den Teich mit den wertvollen Fischen leerfressen würden, so dass man den Teich im Herbst gar nicht erst abzulassen brauchte. Das haben wir tatsächlich geglaubt."

„Das Beste wäre", meinte der Bauer zu uns, „ um die Karpfen zu retten, fangt ihr die Frösche und erschlagt sie."

„Wir setzten uns auf unser Floß, welches wir schon früher gebaut hatten, und fischten die Frösche mit einem Eimer aus dem Wasser. Es nahm kein Ende, so viele Frösche hatten wir noch nie im Karpfenteich. An Land erschlugen wir sie dann mit dem Stock. Viele Jungs haben da mitgemacht. Ich glaube, auch ein paar Mädchen waren dabei. Zu diesem Zeitpunkt war es uns gar nicht bewusst, was wir da taten. Die Reue plagte uns erst viele Jahre später!"

Ingeborg zählte zu den Mädchen, die auch mitgemischt hatte. Nicht beim Töten der Tiere, sondern, um den Jungs eine Mutprobe zu beweisen.

Sie erzählte mir:

„Weißt du Moni, als Kollow von den Flüchtlingen überschwemmt wurde, sich also auch die Anzahl der Dorfjugend mehr als verdoppelt hatte, trafen einige Zwölf- bis Vierzehnjährige eine Abmachung. Sie teilten Kollow in zwei Reviere ein. Die Grenze war mitten im Dorf bei der Post. Wer auf der Seite in Richtung Gülzow wohnte, gehörte zum Unterdorf, die anderen zum Oberdorf. Dieses galt auch für die gleichaltrigen Mädchen. Die Jungs vom Oberdorf hatten sich in der Kollower Heide, so hieß das Stück Land zwischen Karpfenteich und dem Architekten Schmidt, aus grünen Zweigen zwei große Hütten zwischen den Birken gebaut. Als die Hütten fertig waren, hatten sie das Gefühl, es fehle ihnen noch etwas zu ihrem perfekten Glück.

Ein Junge hatte eine blendende Idee und schlug den anderen vor:

„Was haltet ihr davon, wenn wir uns die Hütten mit ein paar hübschen Mädchen aus dem Dorf teilen?"

Diese Idee stieß auf allgemeine Begeisterung. Doch sie einfach nur so in ihrer Runde aufzunehmen, erschien ihnen zu harmlos. Sie steckten ihre Köpfe zusammen und schmiedeten einen Plan. Die plattgefahrenen Frösche kamen ihnen dabei sehr gelegen. Zwischen einer Hütte und einem Birkenbaum spannten sie einen Stacheldraht. Ihre Auserwählten, zu denen auch ich gehörte, schickten sie los. Wir mussten Froschkadaver, an denen noch was dran war, aufsammeln, um sie auf dem Stacheldraht aufzuspießen. Diese Mutprobe wollte ich unbedingt bestehen und begab mich auf die Suche. Neben der Straße entdeckte ich einen Froschleichnam, an dem noch ein vollständig erhaltener Froschschenkel hing. Mit Todesverachtung bückte ich mich und hob ihn mit den Fingerspitzen auf. Vorsichtig brachte ich die Trophäe zur Hütte, damit mir unterwegs der Schenkel nicht abfiel. Ein paar Mal rollte mir der Schenkel beim Aufspießen weg. Mir wurde ganz übel. Mit Schwung schaffte ich es schließlich. Amüsiert schauten die Jungs zu. Klatschend und grölend nahmen sie mich in ihrer Mitte auf. Die Mutprobe hatte sich gelohnt. Nun war ich mittendrin und gehörte dazu. Ab sofort durfte ich auf dem Floß mitfahren. Im Winter, wenn der Karpfenteich zugefroren war, liehen sie mir ihre Schlittschuhe oder sie nahmen mich auf ihren Schlitten mit", schloss Ingeborg ihre erlebte Geschichte von den Fröschen. „Moni, deine Brüder hatten einen Schlitten und Schlittschuhe, aber wir Flüchtlingskinder hatten nichts, gar nichts."

Katzenjammer: Im Wohnbereich war für Tiere kein Platz. Selbst das Futter für die Katzen wurde gleich neben der Küchentür in die Diele gestellt. Essensreste vom Mittagessen und Milch. Fertig! Wenn Fischtag war, bekamen sie auch Fisch. Fisch war viel billiger als Fleisch. Niemand kam auf die Idee, Katzenfutter zu kaufen. Gab's auch nicht! Ihren Fleischbedarf mussten sie sich selber verdienen. Katzen waren hauptsächlich zum Mäusefangen da. Nachts, wenn es still wurde, hörten wir die Mäuse irgendwo im Haus am Holz nagen. Kraatsch, kraatsch! Angst vor Mäusen hatte ich nicht. Nicht nur wir Kinder fühlten uns in der Mooskate pudelwohl, auch unsere Katzen. Ihr Lieblingsort war die Hill, der offene Raum neben der Diele zwischen Viehstall und Heuboden. Hier brachten sie auch ihre Jungen zur Welt, und das waren in manchen Jahren nicht wenige. Wenn es meinen Eltern zu viel mit dem Katzennachwuchs wurde und sie im ganzen Dorf und der Umgebung keine Abnehmer fanden, mussten die armen kleinen Kätzchen dran glauben. So war es Sitte!

Mutter gab Lilla einen Jutesack, mit dem er die Leiter hoch auf die Hill kletterte. Mit den kleinen Kätzchen im Sack kam er wieder runter und band den Sack mit einem Band zu.

„Bitte Moni, du musst heute mit Lilla mitgehen, allein schafft er es nicht."

„Aber Mama, wo bringt Lilla die Katzen hin?", mir wurde mulmig zumute.

„Geh nur mein Kind, es nützt alles nichts, keiner will die Katzen haben. Wir können sie nicht alle behalten. Sei tapfer! Es ist sonst niemand anderes da, der Lilla dabei helfen könnte." Unwillig folgte ich Lilla. Wir gingen links den Jungfernstieg entlang, bogen rechts in die Straße, die auf einem breiten Feldweg endete.

„Moni, gib mir die Steine, die dort am Wegesrand liegen!"

„Was willst du damit?" Ich ahnte Schlimmes.

„Nun mach schon, ich tu den Katzen schon nichts."

Er meinte wahrscheinlich: noch nichts.

Zögernd hob ich ein paar Steine auf und gab sie Lilla. Er drückte mir den Sack in die Hand, öffnete ihn und legte vorsichtig die Steine hinein. Ein letztes Mal sah ich die süßen kleinen Kätzchen, die bereits ein paar Tage alt waren. Er nahm den Sack wieder an sich, band ihn wieder zu und bog nach links ab.

Wir liefen über eine Wiese, bis wir vor einen einem kleinen Teich standen, der vom letzten Hochwasser der Linau entstanden war. Wieder kroch die Angst in mir hoch. Immer und immer wieder nervte ich Lilla:

„Was hast du vor?"

„Stell dich nicht so an, die sind so klein, die merken von alledem gar nichts."

„Doch, die merken wohl was, ich will das nicht!"

Das Wort töten, wagte ich gar nicht in den Mund zu nehmen. Inzwischen zitterte ich am ganzen Körper.

„Beruhige dich endlich!", er wurde ungehalten, „mit uns gehst du doch auch nicht so zimperlich um."

„Ihr könnt euch ja auch wehren!"

Ein spöttisches Grinsen huschte über sein Gesicht. Seelenruhig ging er ganz nah ans Wasser und tauchte doch tatsächlich den Sack mit den kleinen Kätzchen hinein und hielt den Sack am Band fest. Ein letztes klägliches Miauen war zu hören. Ich rannte so schnell ich konnte davon. Mal wieder war ich sauer auf Lilla, auf unsere Mutter und aufs ganze Dorf – mit ihren grausamen Gesetzen.

Diese grausame Lösung hat mich noch lange beschäftigt. Schließlich war ich ein Mädchen mit einer Mädchenseele und nicht so hart gesotten wie meine Brüder.

Rattengift: Jedoch nicht nur für manche Tiere war das Leben grausam, auch so manches menschliche Schicksal nahm einen grauenvollen Verlauf oder, wie im Falle Irene, ein entsetzliches Ende. Sie war eine hübsche, lebenslustige Frau und Mutter von drei Kindern. Nicht nur lebenslustig, sie war auch gutmütig. Warum sonst hat sie im Winter 1945 den Fahrern eines auf vereister Dorfstraße steckengebliebenen Schwertransporters was Leckeres zu Essen rausgebracht. Die beiden LKW-Fahrer waren in Zeitdruck. Sie mussten zu einer bestimmten Zeit in Travemünde sein, um ihre kostbare Ladung rechtzeitig am Fährableger abzuliefern. Sonst gab es für die beiden eine empfindliche Strafe. Nun standen sie so lange auf der vereisten Straße fest, bis sich endlich ein Bauer bereit erklärte und seine Pferde vor den LKW spannte, um den Lastwagen wieder flott zu machen. Inzwischen hatte Irene diesen beiden vor Kälte und Angst bibbernden Lastwagenfahrern etwas Warmes zu trinken und Stullen, dick belegt mit selbstgemachtem Schmalzfleisch, rausgebracht.

Das war eine von Irenes gutmütigen Seiten. Ihre lebenslustige Seite war; sie ging, genau wie meine Mutter, gern ins Kino oder zum Tanzen oder was sich sonst noch für Freizeitgestaltung bot. Meine Mutter und Irene waren befreundet.

Nun kommt die tragische Seite: Mit ihrem gut aussehenden Mann, einem Dandy und Frauenheld, hatte sie weniger Glück. Eines Tages saß sie im Zug nach Hamburg. In ihrem Abteil saßen zwei weitere Frauen, die sich lauthals über ihren Mann und seine Weibergeschichten unterhielten, ohne zu wissen, dass Irene die Ehefrau von dem interessanten Mann aus Kollow war. Nun kam eins zum anderen. Als sie dann noch erfuhr, dass ihr Mann eine feste Freundin hatte, kämpfte sie vergebens um ihre Ehe. Ihr Mann konnte nicht von seiner Geliebten lassen. Irene sah keinen Ausweg, als sich das Leben zu nehmen. Wie sehr muss sie ihn geliebt haben, dass sie entschied, mit Rattengift ihrem Leben auf eine der grausamsten Art und Weise ein Ende zu setzen. Abgesehen davon, dass sie vor Schmerzen durch die Hölle gegangen sein muss, war es für ihre Kinder ja auch die Hölle, dieses schreckliche Sterben der Mutter mit anzusehen.

Ganz Kollow war geschockt! Niemand hat bei dieser Tragödie an die Kinder gedacht – nicht Irene – und nicht ihr Mann.

Swattenbeek (Schwarzenbek)

Unser Tor zur Welt: Denn von hier aus konnte man ja mit dem Zug direkt nach Hamburg fahren und von Hamburg aus – überall hin! War in Kollow nichts los, war garantiert irgendein Zirkus in Schwarzenbek. Ob es der Jahrmarkt auf dem Marktplatz neben der Kirche war, der unsere Herzen höher schlagen ließ oder gar das Schützenfest, das jedes Jahr über Pfingsten auf dem großen Platz direkt am Sachsenwald zum Feiern einlud. Dann war Groß und Klein auf den Beinen. Bis es dunkel wurde, verweilte ich mit Lilla dort. Ab und zu konnten wir uns auch mal ein Karussell leisten. Allein schon an den verschiedenen Karussells zu stehen und bei dröhnender Jahrmarktsmusik zuzuschauen, war ein Vergnügen.
Es war spät geworden, als wir uns endlich auf den Heimweg machten. Rechts und links begleitete uns der dunkle Laubwald.

Plötzlich ließ uns ein komisches herzzerreißendes Jammern auf der linken Waldseite zusammenschrecken. Wir sahen in einer kleinen Lichtung auf einem Stapel Holzstämmen jemanden sitzen mit einem dicken weißen Verband um den Kopf. Wegen dieser hellen wehleidigen Stimme waren wir fest der Meinung, eine Frau gesehen zu haben. Wir nahmen uns an die Hand und liefen davon, was das Zeug hielt. Erst als wir weit genug entfernt waren und dieses Gewimmer nicht mehr hörten, blieben wir stehen. Ich hatte Herzstiche in der linken Seite und musste erstmal verschnaufen. Verwundert fragte ich Lilla: „Warum hilft der Frau niemand?" Darauf wusste er auch keine Antwort. Schnellen Schrittes liefen wir nach Hause. Geglaubt hat uns keiner. Des Rätsels Lösung: Vor einigen Wochen sah ich im Fernsehen einen Naturfilm über Schleiereulen. Als ich ihr schneeweißes Gefieder in der Dunkelheit blitzen sah und ihre wehleidigen Laute hörte, die sie von sich gab, fiel es mir wie Schuppen von den Augen: Es war damals in meiner Kindheit keine Frau, die im Wald auf dem Holzstapel saß. Es war eine Schleiereule gewesen.

Weil Vater wegen seines Berufes als Schuster viel herum kam, hatte er überall Beziehungen, wovon auch wir Kinder ab und zu profitierten.
Für die Kinobesitzer des neuen Kinos in Schwarzenbek, Familie Grimm, besohlte mein Vater nicht nur deren Schuhe, sondern stellte auch neue her. Als besonderes Dankeschön durften wir einmal im Monat am Sonntagnachmittag umsonst ins Kino gehen. Wie die Orgelpfeifen standen wir an der Kasse und sagten brav unsere Namen. Das reichte Frau Grimm, die an der Kasse saß. Sie ließ uns auch ohne Eintrittskarte hinein. So war es abgemacht. Doch eines Sonntags staunte sie nicht schlecht. Die Kinder, die angeblich Meyer hießen und aus Kollow kamen, nahmen kein Ende. „Schluss jetzt, mir reicht es, so viele Kinder kann der Meyer ja gar nicht haben", sagte sie und unterbrach die Meyerkette. Ab sofort bekamen wir Freikarten nur über unsere Eltern.
So war doch immer was los.

Lust auf Schule

Im Vergleich zu Iris hatte ich genügend Platz in unserer Mooskate für meine Hausaufgaben. Während der vierten Klasse wachte ich endlich auf und hatte Spaß am Lernen. Zu verdanken hatte ich es unserer neuen Lehrerin, Frau Krapalis. Sie war aufgeschlossen, freundlich und kümmerte sich auch um die Schwächeren der Klassen. Als sie noch in Schwarzenbek wohnte, gab sie mir freiwillig Nachhilfeunterricht bei sich zu Hause. Nun versuchte ich, die nächsten Jahre aufzuholen, was noch aufzuholen möglich war.

Leider war es nicht jedem lernschwachen Schüler vergönnt, später noch mal eine Klasse zu überspringen. Es gab Schüler, die kamen einfach nicht über die vierte Klasse hinaus. Ein Schüler traf es besonders hart. Er war bereits vierzehn Jahre alt, hatte schon den Stimmbruch, musste sich rasieren und wirkte zwischen den Viertklässlern wie ein Riese. Sie bekamen dann ihr Abgangszeugnis aus der vierten Klasse. Meistens fingen sie beim Bauern als Knecht an zu arbeiten – und die Mädchen als Köksch.

Trotz meiner neu entdeckten Lust am Lernen, blieb ich ein lebhaftes und schwatzhaftes Kind. Als ich dann ab der fünften Klasse wieder bei Lehrer Becker landete, setzte er mich hin und wieder, wie schon früher, auf die Schlingelbank. So hieß die längste Schulbank, die gleich vorn rechts im Raum stand. Damit er uns stets im Auge hatte, setzte er sich neben mich, aber umgekehrt mit dem Hintern auf den Tisch. Sein linker Fuß stand auf dem äußersten Rand der Bank. Sein rechtes Bein war kürzer als das Linke, weil es im ersten Weltkrieg nach einer Verwundung falsch zusammengewachsen war.

Dieses Bein stand stets ausgestreckt auf dem Fußboden. Seinen Stock pflegte er mit beiden Händen quer übers linke Knie zu halten. Er roch immer so gut und sah immer so gepflegt aus mit seinem frisch gebügelten Hemd und Krawatte. Wer lief schon so rum im Dorf. Schon gar nicht in der Woche. Die Bauern liefen doch die meiste Zeit in ausgebeulten Manchesterhosen und vom Kuhstall verdreckten Stiefeln umher. Wer roch da schon gut.

Klar saß ich nicht allein auf der Schlingelbank. Es gab noch ein paar von meiner Sorte. Einmal war es dem Lehrer doch zu bunt mit uns. Wir mussten vorn antreten und unsere flache Hand hinhalten, damit er uns mit dem Stock eins drüberziehen konnte. Nicht mit mir. Ich war ja nicht blöd: Nö, ich hielt beide Hände nach hinten verschränkt.

Das machte ihn noch wütender. Kurzerhand knallte er mir eine Backpfeife. Die bekam ich aber nur ein einziges Mal.

Wahnsinnig viel auf dem Kasten hatte Becker ja, das musste man ihm lassen.

Er meinte es gut, als er zu den besten Schülern in der Klasse sagte: „Wenn ihr bei einem Mitschüler oder bei den Erwachsenen falsches Deutsch hört, solltet ihr sie ruhig darauf hinweisen und verbessern, sie werden es euch danken!"

Gesagt, getan. Iris spielte mit anderen Kindern auf dem Platz vor der Post. Prompt kam Rosa Harms angelaufen, um sie zu verjagen. Während sie schimpfte, sprach sie ein fehlerhaftes Deutsch. Iris fielen Beckers Worte ein – sie wies Frau Harms auf ihr falsches Deutsch hin.

„Du freches Gör", schrie sie entrüstet, „wie kommst du dazu, mich belehren zu wollen, das werde ich deiner Mutter sagen."

Wenn ich bedenke, was wir alles bei ihm gelernt haben! Es gab Fächer, da mussten alle Klassen im Schulraum mitmachen. Wenn er versuchte, im Fach Physik mit den wenigen Mitteln, die ihm zur Verfügung standen, uns die physikalischen Gesetze zu erklären oder im Erdkunde-Unterricht die einzelnen Erdteile in lebendiger Form näher zu bringen, war ich mit Begeisterung dabei. Aber die Geschichtszahlen, die hatten es in sich. Wenn wir alle aufstehen mussten und er uns die Geschichtszahlen nur so um die Ohren schmiss, verlangte Becker ratzfatz eine Antwort. War ich froh, wenn mir rechtzeitig ein Mitschüler das Ergebnis zuraunte.

Samstags hatten wir Musik und Gedichtstunde. Da wurde gesungen, auch im Kanon, was das Zeug hielt. Bevor wir ein neues Gedicht zum nächsten Samstag auswendig lernen mussten, erklärte uns Becker detailgetreu die Handlung des Gedichtes.

Nicht einfach so, nein, wie ein Theaterstück trug er es vor. Für das Mammutgedicht von Friedrich Schiller: „Das Lied von der Glocke", hatten wir natürlich mehr Zeit. Großes Theater gab`s zur Weihnachtszeit. Auf der perfekt gestalteten Bühne im Saal der Gaststätte Schnackenbeck studierte er mit uns ein Weihnachtsmärchen ein. Auch dafür hatte er ein gutes Händchen.

Das hatte er im Blut, denn Becker wollte bereits vor dem ersten Weltkrieg Schauspieler werden. Er spürte genau, welche Rolle auf den jeweiligen Schüler oder Schülerin zugeschnitten war. Fast jeder Schüler durfte im Weihnachtsmärchen mitspielen – und war die Rolle noch so klein. Nicht in der Hauptrolle, aber mit inbrünstiger Betonung, rief ich laut in den Zuschauerraum:
„Das war ein Fünfminutenbrenner! Mich hat am längsten er geküsst!" Ich trug ein weißes Tüllkleid, beklebt mit goldenen Papiersternen. Dafür musste eine alte Tüllgardine geopfert werden.

Trotz seiner übertriebenen Erziehungsmethoden war Hermann Becker ein kluger und talentierter Lehrer. So, wie heut noch ein guter Allgemein-Mediziner alle medizinischen Belange abdeckt, verstand Hermann Becker es, dem Schüler jedes Fach mit unwahrscheinlichem Wissen und Kreativität nahezubringen.

Emil brachte es auf den Punkt:
„Weißt du Moni, nicht nur du und ich sind in der Schule ab und zu sitzen geblieben, so manch einer unter uns hatte am Ende seiner Schulzeit nur ein Abgangszeugnis vorzuweisen. Trotzdem ist aus uns allen was Vernünftiges geworden. Die Ausbildungsbetriebe in und um Kollow haben uns gern genommen. Unsere Schule mit Hermann Becker hatte in der ganzen Umgebung von Kollow einen guten Ruf.

Tille und Horst: Als Hausaufgabe musste die vierte Klasse Sätze mit ‚O' schreiben. Tille schrieb unter anderem den Satz in ihr Hausaufgabenheft: „In der Not haben wir nichts zu Essen." Zum Korrigieren verteilte der Lehrer die Hefte an die Achtklässler. Horst bekam Tilles Heft. Er strich den Satz mit dem Essen durch und schrieb: „In der Not frisst der Teufel Fliegen." Ausgerechnet den Satz las Tille später vor, weil sie dachte, dass dies ein besonders schöner Satz sei. Becker fühlte sich derart verarscht, dass er Tille nach vorn beorderte und ihr eine Backpfeife verpasste.

122

Wütend rannte sie in der Pause zum Horst und sagte: „Wenn ich groß bin, heirate ich dich, dann zahle ich es dir heim." Sie hat ihren Horst geheiratet. Ob sie ihm die Backpfeife heimgezahlt hat? Das glaube ich nicht! Denn sie sind bis zum heutigen Tag sehr glücklich verheiratet.

Vogelschießen:
Im Sommer gab es dann das große Schulfest „Vogelschießen".
Die untersten Klassen konnten mit Topfschlagen König und Königin werden, und die oberen Klasse mussten sich den Titel mit Sportwettkämpfen wie Laufen, Springen und Werfen Punkte holen. Am Nachmittag war dann der große Umzug. Die Jungen hielten einen geschnitzten Stock aufrecht in der Hand, an dessen oberem Ende ein Wildblumenstrauß befestigt war. Wir Mädchen trugen einen Blumenkranz, der kunstvoll an einen halbrunden gebogenen Stock gebunden wurde, durchs Dorf. Jeweils zwei Mädchen gingen unter einem Kranz. Allen voran die Dorfkapelle. Auf dem Weg zur Gaststätte wurden die Königin und der König abgeholt. Im Saal wurde dann ausgiebig bei Saft und Kuchen geschwoft. Zwischendurch führten wir Volkstänze und kleine Theaterstücke auf. Die Eltern des frisch gekürten Königs oder der Königin spendierten, je nach Geldbeutel, eine Saalrunde. Zwischendurch wurden die Preise, die aus Spenden von den Dorfbewohnern sowie von Geschäftsleuten und Firmen gesponsert wurden, an die Schulkinder verteilt. Einmal habe ich eine Kamera gewonnen. Ich war doch tatsächlich die Beste im Topfschlagen. Wie das kam, dass ich am Topfschlagen teilnehmen durfte, weiß ich auch nicht mehr. Eigentlich hätte ich vom Alter her am Sport teilnehmen müssen. Doch mit Sport hatte ich nicht viel am Hut. Meine erste Kamera, so etwas Kostbares hätte ich mir noch lange nicht kaufen können. Überglücklich nahm ich sie in Empfang.

Karpfenteich – Schicksalsteich

Wasserspiele: Am Karpfenteich war immer was los, speziell im Sommer. Bei jedem Wetter sprangen wir ins Wasser. Da waren wir nicht zimperlich. Wir schnappten uns unser Badezeug, und ab ging es zum Karpfenteich, der am Ende des Dorfes an der Straße nach Schwarzenbek lag.

Dabei durfte die Seife nicht fehlen. Außer, dass wir nach dem Baden wieder porentief sauber waren, hatten wir ja auch viel Spaß! Hier versammelten sich die Kinder des Dorfes, wenn sie denn Zeit zum Baden hatten. Neben der Dorfstraße gegenüber dem Teich befand sich ein breiter flacher Graben, der mit Gras bewachsen war. An der Böschung breiteten wir unsere Handtücher und Habseligkeiten aus. Als Sprungbrett hatte der Tischler Harms einen langen dicken Baumstamm gespendet und ins Wasser gelegt. Das eine Ende des Baumstammes befestigte er an der Uferböschung, so dass er nicht wegschwimmen konnte und das andere Ende ragte auf der Wasseroberfläche tief in den Teich hinein. Wenn schönes Wetter war, trieben wir uns stundenlang am und im Wasser herum.

Es gab gute Momente und schlechte Momente. Wenn sich heimlich ein Junge anschlich, um einem Mädchen das Handtuch wegzureißen, welches sie sich zum Umziehen um ihren Körper gebunden hatte, war das ein peinlicher Moment fürs Mädchen, aber ein guter Moment für die Jungs, denn sie suchten sich nur Opfer aus, bei denen sich bereits weibliche Rundungen am Körper abzeichneten. So vertrieben wir uns dann mit Spaß und gemeinsamen Wasserspielen die Zeit.

Im Juli schleppten die Jungs auch schon mal ganze Zweige mit schwarzen Kirschen oder Glaskirschen an, je nachdem welche früher reif waren. Weit brauchten sie nicht zu laufen. Beim letzten Haus auf der linken Straßenseite des Bauern Ewert standen prächtige Kirschbäume direkt am Gartenzaun. Das nächste Mal liefen sie weiter zu den Wildkirschbäumen im Wagner-Park, die waren zwar kleiner, trotzdem zuckersüß. Das waren für alle gemeinsam gute Momente.

Im Frühjahr bauten sich die Jungs ein Floß vom Abfallholz, das sie ebenfalls von der Tischlerei Harms geschenkt bekommen hatten. Ständig lag ich meinen Brüdern in den Ohren, dass ich auch mal mit aufs Floß wollte.

„Du kommst erst mit aufs Floß, wenn du endlich schwimmen kannst!", bestimmte Nauke zum wiederholten Male.

„Wenn es mir aber keiner beibringt, wie soll ich es denn lernen?", warf ich ihm vor.

„Mensch, ich hab es doch schon so oft versucht, dir das beizubringen. Du bist einfach zu dusselig."

Nicht dusselig, ich war zu ängstlich.

Bis Nauke sich erbarmte und vorschlug:

„Komm mit, wir gehen ans andere Ende des Teiches – heute wirst du schwimmen lernen, das schwöre ich dir!" Was er mir nicht sagte, dass es dort schnell tiefer wurde.

Am anderen Ende des Karpfenteiches war noch ein schmaler Teich, der nur durch eine niedrige Mauer von dem Karpfenteich getrennt war. Von dieser Stelle aus stiegen wir in den Karpfenteich. „So", sagte Nauke, „jetzt versuchst du wie ein Hund mit Armen und Füßen zu spaddeln, dann kannst du gar nicht untergehen."

Er befahl mir, mich auf seine ausgestreckten Arme zu legen und ging ins tiefere Wasser.

„Los, spaddel jetzt!", er ließ mich einfach fallen.

Prustend und ständig nach Luft schnappend, spaddelte ich wie wild drauf los, damit ich bloß nicht unterging. Es klappte!

Endlich durfte ich mit aufs Floß.

Am und im Karpfenteich hatten wir Kinder das ganze Jahr über viel Spaß. Er war ein fester Bestandteil unserer Kindheit. Denn auch im Winter, wenn er zugefroren war, vergnügten wir uns auf ihm mit Schlittern oder Glitschen und wer Schlittschuhe hatte, mit Schlittschuhlaufen.

Schicksalsteich: Für den Architekten Kurt Felix Schmidt wurde Kollows idyllischer Karpfenteich zum Verhängnis. Auf einer Anhöhe thronte sein Reetdach-Haus. Ein halbrunder Dachvorbau war zur Straße gewandt und wurde von sechs Säulen getragen. Ein ungewöhnlicher Baustil für das Bauerndorf Kollow. Aber es gehörte ja auch einem erfolgreichen Hamburger Architekten, der Anfang der dreißiger Jahre nach Kollow in dieses Haus gezogen war. Kurz darauf hat er die junge Besitzerin des Hauses, mit ihrer kleinen Tochter, die Miali hieß, geheiratet.

Nach umfangreichem Umbau bekam das Haus ein neues Gesicht verpasst. „De Archi" nannten die Kollower ihren zugezogenen Architekten. Sein Markenzeichen: Ein langer grüner Lodenmantel und eine Baskenmütze: Sie ließen seine ohnehin stattliche Erscheinung noch imposanter hervortreten. Zwischen dem Haus des Architekten und dem Karpfenteich lag nur der schmale Landstreifen, die Kollower Heide, in der im Sommer die Heide blühte.

125

Emsig saßen die Mädchen am Nachmittag beim Handarbeitsunterricht in der Schule. Die Älteren lernten gerade, einen Hohlsaum zu sticken. Die zehnjährige Mia schob mit einer dicken Stopfnadel eine Strickmasche nach der anderen über die vier Nägel, die im Quadrat auf der Oberseite einer leeren Garnrolle drauf genagelt waren, genannt Strickliesel. Der gestrickte Schlauch, der durchs das Loch der Holzgarnrolle unten herauskam, war schon ziemlich lang. Später wollte sie den langen Strickschlauch wie eine Schnecke zum Untersetzer nähen. Ihre Wangen glühten vor lauter Eifer. Empfindliche Kälte wehte den Mädels entgegen, als sie nach dem Unterricht auf den Schulhof traten.

Mia, wie Miali liebevoll genannt wurde, war die Stieftochter des Architekten. Sie zog sich ihren Schal enger um den Hals und die Mütze tiefer ins Gesicht. Seit ein paar Tagen regierte Väterchen Frost im Lande.

„Tschüss Mia, bis morgen!" verabschiedete sich eine Klassenkameradin, als die beiden den Schulhof verlassen hatten und an der Dorfstraße angelangt waren. Sie bog nach rechts in die Dorfstraße. „Tschüss", erwiderte Mia und bog nach links ab. Mit ihrem Handarbeitskorb unterm Arm, lief sie schnellen Schrittes die Dorfstraße entlang.

Auf Höhe des Karpfenteiches lief sie rechts über die Wiese auf den Teich zu, obwohl Lehrer Becker die Schüler während des Unterrichts gewarnt hatte, noch nicht übers Eis zu gehen, es sei noch nicht dick genug. Mia versuchte es trotzdem. Sie wollte schnell zu Hause sein und sich den Heimweg übers Eis abkürzen. Wahrscheinlich war sie gar nicht mal quer über den Teich gelaufen, sondern mehr am Rande. Sie war ja ein äußerst intelligentes Kind. In der Schule glänzte sie mit besten Noten. Nur, dass der Teich kein stilles Gewässer war, sondern von dem Bach "Rahbek" gespeist wurde, wodurch er dünne Eisstellen hatte, bedachte sie nicht. Über so eine Stelle musste sie wohl gegangen sein. Sie brach ein, mitsamt ihrem Handarbeitskorb, der wahrscheinlich auch noch ein großes Hindernis war. Denn die Stelle, an der sie einbrach, war nicht tief. Niemand war in ihrer Nähe, der sie hätte retten können. Da Mia weder getauft noch in der Kirche war, wollte der Pastor sie nicht beerdigen. Resolut schritt der Bürgermeister ein.

Die Mitschüler schmückten den Leichenwagen, Lehrer Becker hielt die Grabrede, und der Gutsherr Fischer aus Gülzow sorgte für ein anständiges Grab unter einem Baum auf dem alten Friedhof. Was müssen ihre Eltern gefühlt haben, als sie nach Mias Beerdigung den Teich von ihrem Haus aus ständig im Blick hatten? De Archi ging gern auf einen Schnaps in die Gaststätte. Er hatte viel auf dem Gutshof in Gülzow zu tun. Wenn er früh morgens bei der Gaststätte „Zur Erholung" vorbeikam, stieg er so manches Mal durchs offene Fenster, schenkte sich zwei Schnäpse ein, legte 60 Pfennig auf den Tresen und stieg wieder durchs Fenster ins Freie. Dann fuhr er mit seiner Kutsche, die von einem etwas kleineren Pferd gezogen wurde, nach Gülzow. Abends, auf dem Rückweg, kehrte er ganz normal durch die Tür bei Schnackenbecks ein. Falls er mal auf dem Kutschbock einnickte, weil er einen über den Durst getrunken hatte, brachte ihn sein treues Pferd auch ohne Ansporn sicher nach Hause.

Die Jahre gingen ins Land. Im Sommer 1951 wurde dann der Karpfenteich auch ihm zum Verhängnis. Nach einer feuchtfröhlichen Silberhochzeitsfeier in der Gaststätte zur Erholung – das Ehepaar Schult feierte seine Silberhochzeit – machte er sich gegen Morgen allein auf den Weg nach Hause. Wahrscheinlich sah man ihm den Alkoholpegel nicht an. Er war bekannt dafür, dass er einen großen Stiefel vertragen konnte. Außerdem war sein Weg nach Hause nicht weit. Man kann sagen: nur ein Katzensprung von der Gaststätte entfernt. Gleich am Anfang des Teiches muss er so unglücklich gestolpert sein, dass er kopfüber in den etwas tiefer liegenden Teich stürzte und ertrank dort, wo das Wasser nur knietief war. Früh morgens stand Erika, die jüngste Tochter des Architekten in der Tür der Gaststätte Schult, um zu sehen ob ihr Vater noch da war. Ihre Mutter wunderte sich, dass er noch nicht nach Hause gekommen war. Sofort machten sich Ilse und ihr Bruder Henry Schult auf den Weg, um den Archi zu suchen. Starr und bleich vor Entsetzen blieben sie gleich am Anfang des Teiches stehen. Gruselig schaute eine aufgeblähte Jacke, wie ein Buckel, aus dem Wasser empor. Erst auf den zweiten Blick entdeckten sie den Leichnam darunter.

Butz, meinen Bruder, hätte es auch fast erwischt, wären da nicht zwei mutige Mädchen gewesen, die ein paar Jahre älter waren als er.

Bevor der Frost eintraf, hatte es viel geregnet, so dass die Linau über ihre Ufer trat und die Wiesen überschwemmte. Als dann der Kälteeinbruch kam, wagte Butz sich – viel zu früh – aufs Eis und brach ein.

Das eine Mädchen legte sich der Länge nach aufs Eis, dann robbte sie sich zum Butz vor, während das andere Mädchen sich ebenfalls der Länge nach aufs Eis legte und ihre Freundin an den Füßen festhielt. So zogen sie den Butz aus dem Wasser. Danke!

Das Bad auf der Tenne:

In der kalten Jahreszeit war einmal die Woche Baden zu Hause angesagt. Dafür musste die große Zinkwanne herhalten: eine Mehrzweckwanne. In ihr wurden auch die Schweine, wenn sie geschlachtet wurden, abgebrüht. So machte es keinen Unterschied, wenn auch wir am Samstagabend in die Zinkwanne stiegen. Schließlich waren auch wir nach einer Woche ganz schön verdreckt.

Unmengen an Wasser mussten meine Brüder heranschleppen. Im großen Kessel auf dem Herd wurde es erhitzt und mit kaltem Wasser in der Wanne vermischt. Nacheinander durften wir dann ins Wasser steigen. Immer schön der Reihe nach, zuerst der Älteste und so weiter. Alles lief nach Plan!

Bis ich eines Tages meine aufkeimende Weiblichkeit entdeckte und meine staunenden Brüder mit folgender Logik überraschte:

„Ich werde jetzt erwachsen und ziehe mich nicht mehr nackt vor euch aus. Deshalb möchte ich auch als Erste ins Wasser steigen."

Völlig baff über meine eigene Fehleinschätzung, schauten sie mich ungläubig an. Wahrscheinlich hatten alle anderen Mädels in meiner Altersgruppe weitaus mehr zu bieten. Trotzdem, ohne auch nur ein Wort zu verlieren, ließen sie mir den Vortritt.

Vor das Fenster hängte ich ein großes Tuch, auch von draußen sollte mich keiner nackt sehen können. Schließlich war ich ja schon elf Jahre alt. Gehorsam zogen sich meine Brüder zurück. Genussvoll stieg ich als erste ins saubere warme Wasser, trällerte ein Lied und ließ es mir so richtig gut gehen. Die Zeit verging wie im Fluge. Nauke klopfte an die Tür.

„Moni, komm endlich raus, bevor das Wasser ganz kalt wird, wir sind jetzt dran!"

„Nö, ich bin doch gerade erst ins Wasser gestiegen, ich hab mich noch gar nicht abgeseift. "
Fürchterliches Geschrei ging los.
„Gewitterhexe, komm endlich raus." Wir wollen nicht im kalten Wasser baden. Schließlich haben wir das Wasser geschleppt, und nicht du!" Wiederholt klopfte Nauke an die Tür und Lilla ans Fenster.
„Was ist denn hier los!" Mutter erschien auf der Bildfläche.
Außer sich vor Wut schrie Nauke:
„Mama, hol die Gewitterhexe endlich aus der Wanne!", und wiederholte, „wir wollen nicht ins kalte Wasser steigen!"
Abrupt beendete meine Mutter meine ausgedehnten Badefreuden.

Polterabend

Bei Mariechen Harms war es der Kastanienbaum, der einmal eine ganz besondere Note erhielt.
Bei ihr zu Hause gab es Matjes zum Mittagessen. Am nächsten Morgen musste Mariechen fürchterlich brechen. Vater Harms dachte sofort an eine Fischvergiftung:
„Das kann ja nur der Matjes vom Hümpel sein, den ich gestern von ihm gekauft habe. Den mach ich fertig", schimpfte er. Wutentbrannt lief er zum Kaufmannsladen Hümpel.
„Du hast meine Tochter mit deinem vergammelten Matjes vergiftet. Sie hat vorhin fürchterlich gekotzt."
„Hör mal, was redest du da für einen Mist, der Matjes kommt aus der Matjestonne und ist ganz frisch, also völlig in Ordnung!", verteidigte sich Hümpel.
„Ne, ist er nicht, sonst hätte meine Tochter ja nicht gekotzt!", pöbelte Vater Harms weiter.
„Weiß ich doch nicht, warum es deiner Tochter so schlecht geht, auf jeden Fall nicht von meinem Matjes. Davon habe ich so viel verkauft, noch keiner aus dem Dorf hat sich beschwert oder ist davon krank geworden."
„Das werden wir ja sehen, ich lass jetzt den Arzt kommen", er drehte sich um und lief zurück. Gleich nach seiner Sprechstunde kam der Hausarzt aus Schwarzenbek mit dem Fahrrad angefahren und ging der Sache auf den Grund.

Des Rätsels Lösung: Der Arzt stellte bei Mariechen eine Schwangerschaft fest.

Mariechen war vor ein paar Wochen auf einer Hochzeit in Vierlanden gewesen.

Das wussten ihre Eltern.

Nur, dass sie dort mit einem Freund war, und überhaupt, dass Mariechen einen Freund hatte, wussten die Eltern nicht. Und dass Mariechen danach schwanger wurde, wusste selbst Mariechen nicht.

Oft wurde man gleich beim ersten Fehltritt, wie man zu sagen

pflegte, schwanger. In 99 Prozent der Fälle wurde oder musste danach geheiratet werden, ob man wollte oder nicht. So entstanden die berühmten Mussehen. Mariechen und ihr Freund wollten heiraten. Aus Liebe. Das mit den Matjes ging wie ein Lauffeuer durchs Dorf. Groß wurde die Hochzeit gefeiert. Selbst der Polterabend war stets für die Dorfbewohner, die nicht zur Hochzeit geladen waren, ein tolles Ereignis. Meistens polterten die jungen Leute, die Knechte und die Mägde sowie die größeren Kinder. Schließlich gab es für die Erwachsenen einen Schnaps und für die Kinder Brause oder Saft sowie Butterkuchen für alle.

Bei Mariechens Polterabend dachten sich die jungen Leute was ganz besonderes aus. Sie behängten den Kastanienbaum, der vor der Post stand, mit lauter Heringen.

Lilla und Emil

Ziegendressur: Drei Ziegen nannten wir unser eigen: zwei weiße Ziegen, die Lotte und Lena hießen und eine braune, sie hieß Pfanni – meine Lieblingsziege. Gleich nach dem Mittagessen holte Lilla die Ziegen aus dem Stall und zog mit ihnen los. Er war unser Ziegenhirt.

Unterwegs gesellte sich noch sein bester Freund, Emil, mit seinen drei Ziegen hinzu. Gemeinsam suchten sie sich ein schattiges Plätzchen irgendwo zwischen Knicks und Feldwegen, dort, wo das Gras besonders üppig und saftig wuchs. Wenn es ihnen langweilig wurde, dachten sie sich allerlei „dumm Tüch" aus. Anstatt die Ziegen fressen zu lassen, dressierten sie sie lieber, so, als wollten sie eines Tages mit ihnen im Zirkus auftreten. Wir brauchten aber keine Zirkus-Ziegen. Sie waren unsere wichtigsten Milch- und Butterlieferanten. Die armen Ziegen mussten nicht nur lernen, über einen Stock zu springen, den die beiden Jungs immer höher hielten, nein, sie ritten auch manchmal auf dem Rücken der Ziegen in der Landschaft umher.

Liesbeth und ich machten uns auf die Socken, trotz knallender Mittagshitze wollten wir nach Schwarzenbek. Schon von Weitem sahen wir Lilla und Emil mit ihren Ziegen am Straßenrand.
„Wo wollt ihr denn hin", fragte Lilla, als Liesbeth und ich bei ihnen angelangt waren. Wir hielten kurz an und erzählten ihm, dass wir in Schwarzenbek für Liesbeths Mutter etwas besorgen wollten. Eine Weile redeten wir noch über dies und das und gingen dann weiter.
Ungefähr 50 Meter weiter hörten wir, wie Lilla rief:
"Lotte, Lena, Pfanni, fass, fass!"- Überrascht schauten wir uns um.
Die Ziegen setzten zum Galopp an und meckerten uns entgegen. Nur eine Schrecksekunde, dann nahmen wir unsere Beine in die Hand und liefen, als ginge es um unser Leben.
Die Ziegen in großen Sprüngen hinter uns her. Liesbeth flitzte mir davon. Mit allergrößter Mühe versuchte ich, ihr zu folgen.

Die Straße verlief leicht bergan. Die Sonne knallte senkrecht vom Himmel, das machte das Laufen auch nicht leichter. Schweiß rann mir aus allen Poren. Noch einmal drehte ich mich im Laufen um und sah entsetzt, wie der Abstand zwischen den Ziegen und mir immer kleiner wurde. Kurz bevor die Ziegen zum Stoßen ansetzten, pfiffen die Jungs sie zurück. Wie auf Kommando machten sie kehrt. Atemlos, mit rasendem Herzen blieb ich schweißgebadet stehen und schnappte erst einmal nach Luft. Auch Liesbeth war stehen geblieben und wartete auf mich. Als ich sie keuchend eingeholt hatte, sah sie mich fragend an, sie war nicht ganz so aus der Puste wie ich.

„Was war das? Sowas habe ich ja noch nie erlebt! Die sind ja total verrückt geworden!", schrie sie mit knallrotem Gesicht und außer sich vor Wut. Ich war noch immer nicht in der Lage zu sprechen und zuckte nur mit den Schultern. Nachdem sich mein Herz einigermaßen wieder beruhigt hatte, gingen wir weiter.

„Das zahle ich ihnen heim, das kannst du mir glauben", schwor Liesbeth, während sie ihre Hand zur Faust ballte und sie den beiden Ziegenhütern aus der Ferne entgegenstreckte. Angst vor Jungs hatte sie nicht. Aber vor einem Rudel kampfbereiter Ziegen, die bereit waren, zuzustoßen, hatte auch sie Schiss.

Wenn ihr die Dorfjungens zu frech wurden, verprügelte sie sie einfach – für mich gleich mit. Sie war viel kräftiger und muskulöser gebaut als ich. Im Hochleistungssport, wie Laufen, Weitsprung und Werfen erreichte sie stets das beste Ergebnis. In dieser Disziplin war sie unter uns Mädchen die Beste.

„Fühl mal, wie hart meine Oberarmmuskeln sind", prahlte sie nicht ohne Stolz: für ein Mädchen ungewöhnlich groß und bretthart, jedenfalls im Vergleich zu meinen dünnen Oberarmen, dort spürte ich nichts.

Aber diese springenden Ziegen flößten auch Liesbeth Respekt ein. Auch ich fand die galoppierenden Ziegen nicht witzig und verpetzte Lilla bei meinem Vater.

„Aha", meinte Vater, „kein Wunder, dass die Ziegen nicht genug Milch geben."

Bei nächster Gelegenheit knüpfte er sich Lilla vor.

Gerstenkorn: Über Nacht hatte sich ein Gerstenkorn an meinem rechten oberen Augenlid breit gemacht. Gleich nach der Schule ging ich zum Vater in die Schusterstube und zeigte es ihm.

„Lass den feuchten Atem der Ziege daran pusten, dann wirst du es schnell wieder los", empfahl er mir. Rechtzeitig setzte ich mich beim Bauern Schmid auf die Steinmauer. Inzwischen war das Augenlid stark geschwollen und tat fürchterlich weh. Endlich tauchte Lilla mit den Ziegen auf. Schnell sprang ich von der Mauer und lief ihnen entgegen.

„Bleib mal bitte stehen", rief ich Lilla entgegen, dann streichelte ich die Pfanni, meine Lieblingsziege, hockte mich vor ihr hin, nahm ihren Kopf zwischen beide Händen und hielt ihn so nah an mein geschlossenes Auge, bis ich die Feuchtigkeit ihres Atems spürte. Tatsächlich schon in der kommenden Nacht wurde die Spannung am Auge weniger, und nach ein paar Tagen war mein Gerstenkorn komplett verschwunden.

Pausenbrot: Langeweile hatten die beiden Ziegenhüter nie. Es passierte immer etwas Unverhofftes um sie herum.

Angekommen an einer Wegkreuzung, entschieden sie sich, den linken Pfad zu nehmen. Kurze Zeit später schlugen sie ihr Lager im Schatten einer besonders hohen Hecke auf. Gierig fraßen die Ziegen das saftige Gras. Denn bis mittags mussten sie im Stall bleiben und darauf warten, bis es endlich nach draußen ging. Aus der Ferne hörten die beiden Ziegenhüter die Hufe eines Pferdes näher kommen. Wenig später sahen sie Pferd und Reiter rechts abbiegen.

„Bauer Klein", bemerkte Emil.

Nach einigen Metern hielt der Bauer vor der Einfahrt seiner Koppel das Pferd an, stieg ab und nahm seinen Picknickkorb runter. Den stellte er versteckt zwischen den grünen Zweigen des Knicks links neben der Koppeleinfahrt ab.

Dann spannte er sein Pferd vor einen Pflug, der bereits auf dem Acker stand. Gespannt beobachteten die Jungs das Treiben des Bauern.

„Mensch Lilla, der Klein hat überhaupt nicht hierher geguckt, der hat uns garantiert nicht gesehen", bemerkte Emil mit leiser Stimme. Lilla wusste sofort, was Emil meinte. Der Schalk saß ihnen im Nacken.

„Zahl oder Eichenblatt?", flüsterte Lilla und holte einen Groschen aus seiner Hosentaschen.

„Zahl", sagte Emil.

Lilla schmiss die Münze in die Luft und die Zahl lag oben.

Lilla erhob sich und trottete los.

„Warte noch einen Augenblick", rief Emil so leise er konnte, „lass bloß den Klein weit genug weg sein, wenn du an den Korb gehst, er darf uns auf keinen Fall entdecken!"

In gebückter Haltung schlich sich Lilla bis an die Stelle, wo der Korb in der Hecke stand. Denn unten waren die Hecken besonders dicht bewachsen, da konnte niemand mehr von der Koppel durchgucken. Dann kletterte er die kleine Böschung hoch und schob die Zweige vorsichtig auseinander. Der Bauer hatte bereits die Mitte der Koppel erreicht. Es wurde allerhöchste Zeit. Lilla musste sich beeilen, bevor der Bauer das Ende der Koppel erreicht und eine Wende machte. Schnell kroch er in den Knick, und räumte den Korb leer – fast, etwas ließ er dem Bauern übrig. In gebückter Haltung lief er zurück. Emil hatte inzwischen die Decke zusammengerollt und war schon weitergegangen. Als Lilla ihn eingeholt hatte, liefen beide voran und die Ziegen im Galopp hinterher. Mal bogen sie links, mal rechts in einen Feldweg ab. So ging es weiter, bis sie meinten, ein geeignetes Plätzchen gefunden zu haben – weit ab vom Bauern Klein. Die beiden kannten jeden einzelnen Zentimeter in diesem weitverzweigten Wegenetz, denn die Wiesen und Felder waren noch klein. Die Flurbereinigung kam ja erst viel später. Sie setzten sich hinter eine hohe Hecke und verspeisten genüsslich die leckeren Wurstbrote. Und einen Apfel gab es auch noch hinterher. Satt und zufrieden sagte Emil: „Mensch Lilla, stell dir nur mal das verdutzte Gesicht vom Klein vor, wenn der in den leeren Korb schaut." Beide grinsten.

Ein schlauer Bauer: Im Frühherbst, wenn der Klee auf den abgeernteten Kornfeldern üppig wuchs, ließen die Jungen die Ziegen auch schon mal heimlich aufs Feld. Nur, war der Bauer, dem die Koppel gehörte, im Anmarsch, ging die Flucht über Stock und Stein wieder los. Die Ziegen waren so dressiert, dass sie von allein im Galopp hinterherrannten. Mancher Bauer war schlauer, er traf schon vorher eine Abmachung mit den beiden Ziegenhütern. „Ich gebe euch meine Kühe mit auf die Kleekoppel, dann können eure Ziegen so viel fressen, wie sie wollen." Kühe und Ziegen grasten dann friedlich nebeneinander. Das war dann für alle Beteiligten viel entspannter.

Pfannis Pech: Eines Tages nahm das Unglück seinen Lauf. Nicht Lilla hatte die Ziegen gehütet, sondern Vater war mit ihnen unterwegs gewesen. Das tat er in letzter Zeit öfter. Seit es ihm wegen seiner Tuberkulose, die er aus dem Krieg mitgebracht hatte, nicht mehr so gut ging, schnappte er sich ab und zu die Ziegen und ging mit ihnen ins Grüne. In der Schusterstube konnte er kürzer treten, denn neue Schuhe brauchte er kaum noch anzufertigen. In den Geschäften gab es wieder mehr zu kaufen und die industriell gefertigten Schuhe waren viel günstiger als die handgefertigten. So hatte Vater nur noch die Schuhe des Dorfes zu reparieren. Das war für Vater die beste Gelegenheit, sich draußen in der Feldmark an der frische Luft aufzuhalten, anstatt den Feinstaub der Polier- und Schleifmaschine einzuatmen. Außerdem gab es ja noch den Schuster Niemann im Dorf. Er wohnte mit seiner Frau im zurückliegenden Strohdachhaus in der Nähe des Bauern Baalcke. Beide, der Schuster und seine Frau, waren ein sehr freundliches Ehepaar, die gern anderen Menschen halfen. Wenn Arnold dort auftauchte, bekam er stets ein Stück Kuchen geschenkt.

An diesem Tag kam Vater früher als sonst nach Hause. Schnellen Schrittes scheuchte er die Ziegen vor sich her. Der Pfanni hatte er ein dickes Seil um den Hals gebunden und zog sie hinter sich her. Sie war störrisch und versuchte, sich loszureißen. Ihr Euter war mit einem Lappen am Körper festgebunden. Blut sickerte hindurch und tropfte aufs Kopfsteinpflaster.

„Lauf schnell in die Küche und hol eine Schüssel Warmwasser sowie einen sauberen Lappen, und bring mir beides in den Stall", rief er mir im Vorbeilaufen zu. Ich saß mit Gisela auf der Mauer, als ich geschockt das Malheur sah.

Während Nauke die Ziege festhielt, säuberte Vater die Wunde am Euter. Danach legte er Verbandsmull drauf und klebte es mit Pflaster fest. Endlich wagte ich zu fragen:

„Papa, was ist denn mit Pfanni passiert?"

„Verdammter Mist, sie hat sich am Stacheldraht verletzt, aber das kriegen wir schon wieder hin, es sieht schlimmer aus, als es ist", meinte er hoffnungsvoll. Leider wollte die Wunde einfach nicht heilen. Auch nicht als der Tierarzt eine spezielle Salbe daließ. Von Tag zu Tag wurde es schlimmer, bis sich großflächig am Euter Eiter gebildet hatte. Noch einmal versuchte Vater es mit einer anderen Salbe. Tagelang bangte ich um Pfannis Leben und ging – so oft ich konnte – in den Stall um sie zu streicheln.

„Pfanni, du musst gesund werden; lieber Gott, lass Pfanni wieder gesund werden!", betete ich in meiner Verzweiflung. Ausgerechnet meine braune Pfanni. Doch sie hatte keine Chance. Am Ende sagte Vater:

„Wir können ihr nicht mehr helfen, der Stacheldraht muss rostig gewesen sein, anders kann ich es mir nicht erklären."

Pfanni musste geschlachtet werden.

Ziegenfleisch stand für die nächsten Tage auf unserem Speiseplan. Keinen Bissen habe ich angerührt. Fleisch gehörte sowieso nicht zu meinen Lieblingsspeisen. Viel kriegten wir auch nicht. Schon gar nicht in der Woche. Höchstens sonntags und meine zugeteilte Portion gab ich bereitwillig an meine Brüder weiter. Für mich waren die Kartoffeln mit Gemüse sowie die Soße wichtig. Auch die Suppe, die es sonntags stets vorweg gab, oder den Nachtisch, den durfte mir keiner wegnehmen.

Dafür trank ich gern Ziegenmilch und aß die weiße Ziegenbutter. In einer Zentrifuge wurde der Rahm von der Ziegenmilch getrennt. Besonders den weißen Milchschaum, der sich beim Zentrifugieren bildete, aß ich, mit etwas Zucker verrührt, für mein Leben gern. Die Sahne, wenn wir genug zusammen hatten, wurde in einem ovalen Holzfass zu Butter verarbeitet.

Abwechselnd mussten wir den Quirl, dessen langer Stil durch ein Loch im Holzdeckel herausschaute, so lange auf und ab bewegen, bis sich die Butter von der übrigen Flüssigkeit löste. Das war reinste Knochenarbeit.

Karnickel auf der Flucht

Unser Kaninchen hatte da mehr Glück, als es ihm an den Kragen gehen sollte. Weihnachten nahte. Weil hohe Frosttemperaturen herrschten, hatte Vater unser letztes Kaninchen von draußen aus seiner Bretterbehausung herausgeholt und ihm drinnen im warmen Stall auf dem Lehmboden eine provisorische Behausung gebastelt. Damit das Fleisch nicht so streng schmeckte, sollte das Kaninchen ein paar Tage vor Weihnachten geschlachtet werden, um es dann im Schuppen an die Luft zu hängen.

Ich bildete mir ein, unser Kaninchen hat Lunte gerochen, denn es nutzte den Lehmboden für seine Flucht. Unbemerkt von uns buddelte es sich ein Loch und einen langen Gang in den Lehmboden und verschwand auf Nimmerwiedersehen.  Wohin es auch immer gehoppelt war, wenigstens landete es nicht in unserem Schmortopf. Anders als mein Vater freute ich mich riesig darüber. Wie oft hatte ich es im Sommer mit frischem Grünzeug gefüttert und ihr weiches Fell gestreichelt.

Abschied vom Vater

Bereits im Alter von 42 Jahren ist mein Vater zwischen Weihnachten und Neujahr an den Folgen seiner Tuberkulose verstorben, obwohl es auch damals schon recht gute Medikamente gegen die Tuberkulose gab. Ich denke: Der heimlich gebrannte Schnaps, der selbst angebaute Tabak, überhaupt das Rauchen und das Trinken sowie sein Beruf als Schuster mit den Farben und dem Feinstaub, alles das zusammengerechnet war das reinste Gift für ihn. Sehr, sehr lange habe ich um meinen heißgeliebten Vater getrauert, bis ich eines Tages einen ungewöhnlichen Traum hatte. Seltsam; es war mir bewusst, dass ich träumte. Vater und ich, wir beide spielten die Hauptrolle in dem Traum. Es war ein gewöhnlicher Tag, wie er sich so oft in unserem Leben abgespielt hatte. In überschwänglicher Freude sagte ich zu ihm: „Papa, wie schön, dass du wieder da bist!", und ergänzte mit Erstaunen, „du bist ja gar nicht gestorben." Komischerweise bekam ich darauf keine Antwort. Als ich danach wach wurde, fühlte ich mich sehr wohl. Alles war so lebendig gewesen. Glücklich schlief ich danach wieder ein. Viele Jahre lang träumte ich noch von Zeit zu Zeit von meinem Vater, bis er mir eines Tages nicht mehr im Traum erschien.

Auf Schusters Rappen eilten an Sonn und Feiertagen die Dorfbewohner in die drei Kilometer entfernte Kirche nach Gülzow. Sie war für uns Kollower zuständig. Außer einem Glockenturm ohne Glocke- die war im Krieg für Rüstungszwecke eingeschmolzen worden- hatten wir nichts, was uns Gott näher bringen sollte. Natürlich lief nur das Fußvolk. Die Bauern und andere begüterte Dorfbewohner spannten ihre Pferde vor die Kutsche. Wer noch Platz in seinem Fuhrwerk hatte, der nahm auch schon mal von unterwegs Leute mit. Die Kirche war stets gerammelt voll. Beide Dörfer beteten dann friedlich vereint.
Vater war zwar noch in der Kirche, aber kein Kirchengänger. Er war der Überzeugung, dass man auch ohne die Kirche ein guter Mensch sein kann. Zu mir meinte er mal:
„Mein liebes Kind, um ein guter Mensch zu sein, brauchst du nicht in die Kirche zu gehen, beten kannst du überall, denn Gott ist überall und nicht nur in der Kirche!"

Umso erstaunlicher war, dass Pastor Krause Vater des Öfteren zu Hause besuchte, als es ihm bereits schlecht ging. Stets führten sie lange Diskussionen über Gott und die Welt. Während des Gottesdienstes am Sonntag nach Vaters Beerdigung äußerte Pastor Krause Folgendes über meinen Vater:

„Franz Meyer aus Kollow, der nach langer, schwerer Krankheit in der letzten Woche von uns gegangen ist, war ein kluger Mann, manchmal war er sogar klüger als ich!"

Konfirmation

Das war für die Konfirmanden stets eine lohnende Sache, leider nicht für mich, aber davon später.

Ewalds Konfirmation war lange her. Er war längst aus dem Haus und in den Kohlenpott abgewandert, um dort zu arbeiten. Wie war Mutter stolz auf ihn, als er beim Zirkus landete. Arnold besuchte uns und wollte wissen, was Ewald so treibt.

„Ewald arbeitet beim Zirkus", klärte Mutter ihn mit stolzer Stimme auf.

„Aha, beim Zirkus, was macht er denn da?" Arnold wurde neugierig.

„Im Moment packt er noch Kisten ein und aus."

„Und deshalb ist er zum Zirkus gegangen, solche Arbeiten hätte er doch überall machen können", wunderte sich Arnold.

„Warte nur ab, schließlich sind die beim Zirkus alle mal klein angefangen, Ewald kommt noch mal gaaanz groß raus."

Doch leider, bis zum „Großrauskommen", hat Ewald nicht durchgehalten. Die Karriereleiter war ihm zu hoch, das Gehalt fürs Ein- und Auspacken zu klein. Kurzerhand schmiss er den Job hin und ging nach unten in den Stollen des Kohlebergwerks, um dort mehr „Kohle" zu verdienen.

Butz war ihm nach seiner eigenen Konfirmation dorthin gefolgt. Ein Jahr später hatte Nauke seine Konfirmation gefeiert. Nauke lernte den Beruf eines Schweizers (Melker) auf dem Gut Gülzow, wo er auch wohnte.

Im März 1952 wurde Lilla und sein bester Freund, Emil konfirmiert. Jede Konfirmation war für uns ein schönes Fest. Nur, groß gefeiert wurde Lillas Konfirmation natürlich nicht, denn unser Vater war ja erst drei Monate vorher verstorben.

139

Zum Konfirmandenunterricht mussten wir einmal die Woche sowie sonn- und feiertags zum Gottesdienst in die Kirche nach Gülzow laufen. Das war Pflicht! Ansonsten wurde man nicht konfirmiert. Da war unser Pastor Krause sehr streng. Wie eh und je wurde man für diesen wichtigen Tag neu eingekleidet. Als meine Brüder ihren ersten schwarzen Anzug mit dem weißen Oberhemd sowie der schwarzen Krawatte und die neuen, schwarzen Schuhe trugen, war ich stolz, die Schwester von so gutaussehenden Brüdern zu sein. Nicht nur stolz, allmählich entwickelte ich sowas wie Respekt vor ihnen. Am Konfirmationstag war reger Verkehr auf der Straße nach Gülzow. Zwischen vorbeifahrenden Kutschen und ein paar Autos, mussten einige Familien mit ihren Konfirmanden zu Fuß laufen. Lilla hatte Glück, er wurde vom Schrotthändler Robert Borries, der längst wieder seine Tischlerwerkstatt eröffnet hatte, mit dem Auto zur Konfirmation in die Kirche gefahren.

Während der Zeremonie in der Kirche musste ich die Stellung zu Hause halten. Es war die wichtigste Aufgabe, die ich an diesem Tag für Lilla zu erfüllen hatte. Pausenlos kamen Kinder und Nachbarn, um Gratulationskarten, in deren Umschlägen auch Geld steckte, abzugeben. Als Dankeschön bekam jedes Kind ein Stück Butterkuchen oder Süßigkeiten in die Hand gedrückt und die Erwachsenen einen Schnaps oder Likör. Nach dem Festessen und der Kaffeetafel mit den Verwandten bekamen die Konfirmanden ihren ersten Schnaps von den Eltern. Danach trollten sie davon und trafen sich mit ihren Mit-Konfirmanden. Wichtigstes Gesprächsthema war die erste Hochrechnung, wieviel Geld man schon bekommen hatte: Für die Jungen und Mädchen ein wichtiges Startkapital für die nächsten Lehrjahre, denn der Lohn als Lehrling war mit 30 DM mehr als bescheiden.

Lilla hatte noch keine Lehrstelle, aber er bekam für ein Jahr eine berufliche Bildungsmaßnahme im gerade neu eröffneten Jugendaufbauwerk in Kellinghusen, einer Institution, die berufliche Bildungsmaßnahmen für sozial benachteiligte Jugendliche durchführte. Nach einem Jahr bekam er dann auch über diese Institution eine Lehrstelle als Polsterer und Tapezierer zugewiesen. Dreieinhalb Jahre dauerte die Lehre.

Raffinierter Bauer: Mit Pferd und Kutsche wollte Emil in die Kirche fahren und klopfte beim Bauern Willi Schmidt an.
„So, du wirst also konfirmiert? Hast du denn schon eine Lehrstelle?", hakte der Bauer nach.
„Ja", sagte Emil, „ich fange beim Dorfschmied an – aber erst nächstes Jahr." „Interessant, interessant." Bauer Schmidt überlegte eine Weile, dann unterbreitete er Emil folgenden Vorschlag:
„Du kannst meine Kutsche haben, dafür musst du aber bis zum Lehrbeginn im nächsten Jahr bei mir auf dem Hof arbeiten." Pause.
„Umsonst?" Emil war entrüstet.
„Natürlich nicht umsonst. Du bekommst Kost und Logis, außerdem ein paar Mark extra", fügte er noch schnell hinzu.
Mit Handschlag wurde die Abmachung besiegelt. Als er sich verabschiedete, sinnierte der Bauer noch:
„Wenigstens lungerst du nicht die ganze Zeit auf der Straße rum, – und was die Kutsche betrifft, so musst du sie dir rechtzeitig aus der Scheune holen, um sie zu entstauben. Wir haben sie schon lange nicht mehr benutzt."
Emils Eltern waren hellauf begeistert! Hatten sie doch nun ein Kind weniger am Tisch. Im Juni löste Emil sein Versprechen ein.
Weit brauchte er nicht zu laufen. Emil wohnte im Rottensteert (heute Fasanenweg), der schräg gegenüber vom Bauern Schmidt von der Dorfstraße abging. Mit Sack und Pack bezog er die kleine Kammer im großen Bauernhaus. Zwei Betten, ein Sofa und ein kleiner Tisch nebst Stuhl sowie ein Schrank waren das großzügige Inventar. Nach sechs Wochen zog sein Mitbewohner aus, danach hatte Emil das Zimmer für sich ganz allein. Das war purer Luxus für die damalige Zeit.
Die Kost war alles andere als üppig. Die Bäuerin ging sehr sparsam mit den Lebensmitteln um, derart sparsam, dass mancher Vorrat am Schluss dahingammelte, so wie damals mit dem verschimmelten Brot. Damit sich niemand selbst bedienen konnte, versteckte Martha Schmid die Mettwurst unterm Sofa im Wohnzimmer, das stets abgeschlossen wurde. Mit dem kostbaren Schinken wollte sie so lange wie möglich auskommen, bis letztendlich die Maden ihn bevölkerten. Weggeschmissen hat sie ihn trotzdem nicht. Das wäre ja noch schöner. Mitten in der großen Bauernküche stand der große Holztisch, an dem sich zu den Mahlzeiten die Bauernfamilie mit ihren Knechten und Mägden zum Essen versammelte.

Nur Martha nicht, sie pflegte vornehm im Wohnzimmer zu speisen. Dort konnte sie schlemmen. Eines Mittags, kurz bevor die große Pfanne mit den Bratkartoffeln mitten auf den Tisch gestellt wurde, erschien einer nach dem anderen und setzte sich auf seinen Stammplatz. Schon beim Betreten der Küche erblickte Emil eine Scheibe Schinken auf seinem Teller. Eine seltene Köstlichkeit. Ihm lief das Wasser im Munde zusammen. Schnell setzte er sich an seinen Platz. Beim Näher-Hinschauen war die Enttäuschung groß. Der Schinken wimmelte nur so von Maden. Blöd war Emil ja nun auch nicht, er nahm sein Messer und kratzte akribisch genau jede Made vom Schinken und strich sie dem Bauern auf seinen Teller. Der machte große Augen, als er sich zu der Runde setzte.

„Was soll diese Sauerei, wer war das?!", schrie der Bauer in die Runde. Emil nahm seinen ganzen Mut zusammen und verteidigte sich mit den Worten:

„Die waren in meinem Schinken, ich mag keine Maden!" Dem Bauer verging der Appetit, er stand auf und verschwand. Übrigens rührte auch Emil seinen Schinken nicht an. Noch lange danach war auch ihm der Appetit auf Schinken vergangen.

Was den Lohn betraf? Karger Lohn für harte Arbeit – 10 Deutsche Mark im Monat.

Und… eine Sozial- und Krankenversicherung hat der Bauer auch nicht für Emil bezahlt.

Ewald taucht auf

Kaum war Lilla aus dem Haus, denn er wohnte nun auch im Jugendaufbauwerk, tauchte Ewald wieder auf. Ganz unerwartet stand er in der Tür und nistete sich bei uns ein – mit einer Frau im Schlepptau. Nicht nur das, sie war auch noch zwölf Jahre älter als mein Bruder. Das heißt, sie war neunzehn Jahre älter als ich. Okay, das war schließlich seine Sache. Über Geschmack sollte man nicht streiten!

Aber, dass diese Frau, die Wilhelmine hieß, ihren Ehemann und ihre zwei kleinen Kinder im Stich gelassen hatte, fand ich ungeheuerlich, nicht nur von Wilhelmine, auch von meinem Bruder.
Ich verstand meinen Bruder und die Welt nicht mehr, wie konnte man nur so etwas machen. Für mich waren sie Störenfriede. So groß war unser Haus doch gar nicht. Jetzt wo wir, Mama, Rolfi und ich, endlich mal etwas mehr Platz für uns hatten.

Und nun machten sich Wilhelmine und Ewald bei uns in der Mooskate breit und, – Wilhelmine führte neue Moden ein. Mir wurde alles zu eng. Die meiste Zeit, wenn ich nicht in der Schule war, butscherte ich lieber draußen umher oder ging zu einer Schulfreundin und kam nur zum Schlafen nach Hause. Das missfiel der Wilhelmine. Hatte sie nun keine eigenen Kinder mehr, die sie herumkommandieren konnte, meinte sie wohl, ich sei ihr Kinderersatz. Mit Argusaugen verfolgte sie meine Lebensart. Hatte ich bei meiner Mutter völlige Freiheit, so hieß es jetzt:„ Moni dies und Moni das! Moni tu nicht dies und Moni tu nicht das!"

„Heute bleibst du hier, wir haben große Wäsche", befahl Wilhelmine mir, als ich von der Schule nach Hause kam. Großwaschtag, das hieß für Wilhelmine wie bei „Clementine" (Waschmittelwerbung im Fernsehen), nicht nur rein, sondern porentief rein sollte ab sofort unsere Wäsche sein. Sie machte sich an die Arbeit, um unsere Wäsche wieder blütenrein zu bekommen. Auf dem Küchenherd stand der große Kessel mit Kochwäsche und überall verstreut standen große Schüsseln und Eimer, die mit Wasser gefüllt waren. Unermüdlich sollte ich mit ihr Wasser schleppen. Das heißt, meine Eimer waren ja immer noch nur halbvoll. Meine Arme wurden bei jedem Wassereimer, den ich schleppte, länger, bis sie mir derart wehtaten, dass ich den letzten Eimer Wilhelmine vor die Füße knallte und schimpfte:
„Ich hab genug von deiner blütenreinen Wäsche, ich hau jetzt ab!"
Wilhelmine hielt mich am Arm fest. Im Nu waren wir in einer Rangelei verwickelt. Meine rechte Hand krallte sich in ihrem Haarknoten fest, den sie im Nacken trug. Ich nahm meine ganze Kraft und versuchte, ihren Kopf nach hinten runter zu ziehen. In diesem Moment erschien meine Mutter auf der Bildfläche. Sie schlug sich die Hände über Kopf zusammen und jammerte:

„Oh Gott, oh Gott, was ist denn hier los?" Mutter hasste Gewalt! Sofort ließen wir voneinander, und ich heulte mal wieder: „Sie ist nicht meine Mutter, sie hat mir gar nichts zu sagen, Mama sag ihr, sie soll mich in Ruhe lassen!" Ich drehte mich um und verschwand nach draußen.

Weil meine Mutter praktisch veranlagt war, wusch sie die Wäsche in einem Waschgang, nur die ganz schmutzigen Arbeitsklamotten wurden zum Schluss in derselben Lauge gewaschen. Gespült wurde die Wäsche auch nicht so oft wie bei Wilhelmine. Dafür war unsere Wäsche auch nicht schneeweiß, sondern hatte stets einen leichten Grauschimmer, vorsichtig ausgedrückt. Mich störte es nicht. Ich kannte es ja auch nicht anders. Meine Mutter ließ sich eben nicht von der täglichen Arbeit aufreiben. Dafür war ihr die wohlverdiente Freizeit viel zu wichtig. Sie hockte nun mal nicht von morgens bis abends im Hause herum, um unentwegt zu malochen. Die schlechten Zeiten, in denen wir alles, aber auch alles selber machen mussten, waren vorbei. Vieles wurde, anstatt einzumachen, fertig gekauft. Soviel Mäuler am Tisch waren wir auch nicht mehr. Nachmittags, wenn die Küche fertig war, ging Mutter meistens zum Kaffeeklatsch zu irgendeiner Freundin. Mutter war kontaktfreudig, sie hatte viele Freundinnen im Dorf und in der Umgebung.
Oh Wunder, Wilhelmine ließ mich nach diesem Vorfall in Ruhe. Kurze Zeit später hatte Ewald in Kollow eine eigene Wohnung gefunden.

Es war wieder still geworden in unserem Haus.
Ich kam gerade aus der Schule, und keiner war da. Mutter war mit Rolfi unterwegs. Komisch, gesagt hatte sie nichts, bevor ich in die Schule ging. Mein Magen knurrte, der Herd war kalt, die Holzkiste leer. Nirgends war so etwas wie Mittagessen zu finden, außer ein paar gekochten Kartoffeln. Wohl oder übel musste ich mir jetzt selbst was einfallen lassen. Schnurstracks lief ich in den Schuppen. Enttäuscht starrte ich auf einen Haufen großer Holzstücke, die nicht in die Herdöffnung passten. Weiter war nichts da. Wollte ich mir was Warmes zu Essen machen, musste ich mir jetzt die Ärmel hochkrempeln. Ich nahm ein Stück Holz, stellte es auf den hohen Holzklotz, nahm das Beil, und – es blieb stecken! Mist, jetzt hatte ich eine Aststelle getroffen, die war hart wie Stein.

Mit allergrößter Mühe bekam ich endlich das Beil wieder raus, warf den Holzklotz zurück in den Holzhaufen und suchte mir gezielt ein kleineres Stück ohne Astloch raus. Diesmal klappte es. Dann kratzte ich noch aus einer Ecke das restliche Buschholz zusammen und ging zurück in die Küche. Zuerst legte ich eine zerknüllte Zeitung in die Herdöffnung, obenauf verteilte ich das Buschholz, dann nahm ich ein Streichholz und zündete die Zeitung an. Es brannte. Nicht lange. Rauch kam mir aus allen Poren der Feuerstelle entgegen. In kürzester Zeit waren wir, die Küche und ich eingeräuchert. Mein Hals kratzte, ich fing an fürchterlich zu husten. Um keinen Erstickungsanfall zu bekommen, öffnete ich schnell Fenster und Türen. Als sich der Rauch verzogen hatte, versuchte ich erneut, das Feuer in Gang zu bringen. Vorher musste ich noch das verkohlte Zeug aus dem Herd wieder mit einem Schaber herauskratzen. Wieder räucherte ich ein. Mir fehlten meine Brüder. Endlich ging mir ein Licht auf: Die Sonne stand senkrecht am Himmel und knallte auf den Schornstein. Nun ging ich vorsichtiger ans Werk. Erneut legte ich nicht nur eine zerknüllte Zeitung ins Feuerloch, sondern gleich mehrere, dann legte ich zwischen den Zeitungen das Buschholz. Durch diese Hitzeentwicklung brannte auch endlich das Buschholz. Bis ich nun mein Feuer so richtig in Gang hatte, war eine dreiviertel Stunde rum. Mit rußverschmierten Händen und Gesicht konnte ich mir endlich die Kartoffeln und ein Ei braten. War ich froh, wenn ich aus der Schule kam und Mutter war zu Hause.

Einmalige Kollower

Kollow: Ein sehr lustiges, fleißiges sowie vielseitiges Dorf mit einmaligen Menschen. Einmalige Exemplare waren eigentlich die meisten Kollower Bürger. Jedoch möchte ich hier noch einmal einige ganz besondere einmalige Persönlichkeiten und Gegebenheiten hervorheben.

Pauli Hillman, das Original: Beruflich hatte er von Anfang an Glück. Bei der Hamburger Hochbahn lernte er den Beruf eines Steinsetzers. Pauli, wie Paul von den Dorfbewohnern genannt wurde, war ein lebenslustiger, unterhaltsamer sowie sehr kreativer Mensch. Wo Pauli auftauchte, hatten die Kollower was zu lachen.

Seine neueste Idee: Aus einem alten Kinderwagen baute er eine Minikutsche.

Dann spannte er einen kräftigen Hund davor und fertig war die Hundekutsche. Der kleine Erdmann Schmidt setzte sich hinein, und los ging die Fahrt nach Schwarzenbek. Pauli rannte nebenher.

Die Eisdiele in Schwarzenbek war ihr Ziel. Und ein großes Eis – spendiert vom Erdmann – war sein Lohn.

Als Pauli seine Lehrzeit beendet hatte, übernahm ihn die Hamburger Hochbahn. Nun hatte ihn der Arbeitseifer gepackt. Für diese Knochenarbeit bekam er viel Geld, und wenn er nachts arbeitete, noch mehr. Also kloppte er fast nur noch Nachtschichten. Als er genug Geld auf die hohe Kante gelegt hatte, wollte er nicht mehr allein sein und heiratete eine junge Frau, die bei dem Architekten Schmidt in Stellung war. Als Krönung ihrer Liebe bekamen sie ein Baby, einen Stammhalter. Nun hätte das Glück doch für alle drei vollkommen sein können. Aber nein, was auch immer geschah, Pauli war fest davon überzeugt, dass dieses Kind nicht von ihm sei und ließ sich kurz darauf scheiden. Da er ihren Fehltritt, wie er meinte, vor Gericht nicht beweisen konnte, wurde er zum Unterhalt verdonnert. Das fand er sehr ungerecht. Für eine Vaterschaft, die er nicht anerkannte, wollte er auch nicht bezahlen. Also schmiss er seine gutbezahlte und unkündbare Arbeit bei der Stadt Hamburg hin, um bei einem unbekannten Arbeitgeber unterzutauchen.

Jedoch seine geschiedene Frau war auch nicht blöd und war ihm auf den Fersen. So wechselte er immer wieder seine Arbeitgeber. „Die Tiefflieger kommen, ich muss verschwinden", pflegte er zu sagen, sobald sie ihn wieder ausfindig gemacht hatte. So ging das Katz- und Mausspiel noch eine Weile weiter, bis Pauli endgültig entschied, mit einer festen Arbeit aufzuhören. Ab sofort hielt er sich mit Gelegenheitsarbeiten bei den Bauern über Wasser. Als Steinsetzer war er ein begehrter Mann und pflasterte so manchen Hof eines Bauern in Schwarzarbeit. Langeweile kannte er nicht. In seiner Freizeit, davon hatte er ja jetzt viel, dressierte er einen Hund, eine Katze sowie einen Hahn und eröffnete einen Zirkus.

„Komm wir satteln die Hühner und reiten in die Prärie!", begrüßte er die kleinen Buttjes, wenn er ihnen auf der Straße in Kollow begegnete.

Auf jeden Fall hatte er sein Ziel, keinen Pfennig Unterhalt zu zahlen, erreicht.

Ob er dabei glücklich wurde?

Eines Tages schenkte Pauli dem kleinen vierjährigen Klaus-Werner Harms mindestens drei Dutzend Eichenbaum-Pflänzchen. Keiner wusste, wo er die alle her hatte. Jedenfalls pflanzte der kleine Bub diese zarten Baum-Pflänzchen sofort in den elterlichen Garten. Als die Bäume größer wurden, verteilte Klaus-Werner sie gemeinsam mit seinem Vater weiträumig auf seinem großen Grundstück. Sie pflanzten die Eichenbäume nicht nur weiträumig um den Karpfenteich, sondern auch entlang der Dorfstraße sowie am Vorteich. Überall stehen dort stattliche Eichenbäume vom Pauli. Somit hat er auf Jahrhunderte seine Spuren in Kollow hinterlassen.

Erdmann Schmidt: Zwei Söhne schenkte Martha Schmidt ihrem Mann, dem Bauern Willi Schmidt. Etwas Besseres konnte sich eigentlich ein Bauer für seinen Hof nicht wünschen. Nur leider schlug das Schicksal hart zu. Erdmann wurde als kleinwüchsiger Mensch geboren. Und Egon, der später den Bauernhof übernehmen sollte, wurde während des Krieges eingezogen und starb an der Front. Der kleine Erdmann konnte zwar den Hof nicht übernehmen, aber trotzdem genoss er das Leben in vollen Zügen. Er ließ keine Suppe anbrennen, überall, wo was los war, mischte er mit.

Fritz Tolk, ein Hüne von einem Mann, war später, als die beiden erwachsen waren, mit Erdmann befreundet.

Fritz war nicht nur sehr groß, er war auch ein äußerst gepflegter Mann. Keiner im Dorf hatte so schöne blankgeputzte Schuhe wie er. Nach dem Krieg, als die Menschen noch immer keine Schuhputzmittel hatten, fragte Ingeborg ihn mal: „Fritz, wie bekommst du nur deine Schuhe so blank?" „Spucke, ich nehme einfach nur Spucke und poliere kräftig hinterher." Wo immer Fritz und Erdmann auftauchten, nannten Kollower sie heimlich „Pat und Patachon".

In Erwartung, irgendwas Tolles könnte ja mal wieder passieren, bummelten die beiden die Dorfstraße entlang. Plötzlich hielten zwei Autos neben ihnen. Die Türen wurden aufgerissen und die Brüder Helmut und Karlheinz Ring, die Söhne von Frieda Ring, sowie Arnold und zwei weitere Burschen erschienen auf der Bildfläche. Mit großer Wiedersehensfreude begrüßten sich die Männer. Helmut, gelernter Tischler, hatte damals, bevor sie wieder zurück in den Kohlenpott zogen, beim Bauern Tretau gearbeitet. Sein Bruder Karlheinz, ein gelernter Klempner, der bereits mit 15 Jahren eine Glatze hatte, arbeitete beim Bauern Otto Knese. Sie wollten Freunde von früher besuchen. Erdmann staunte nicht schlecht über die beiden Autos, wovon eines dem Arnold gehörte. Denn in den fünfziger Jahren gab es noch nicht so viele Autos. Eine Blitzidee schoss Erdmann durch den Kopf, er schlug vor:
„Mensch, lass uns doch alle zusammen losziehen und einen Kneipenbummel machen, ich gebe auch einen aus. Sechs gut aussehende junge Männer bis einen Meter neunzig groß, wobei Arnold mit seinen einen Meter achtzig der kleinste von den Riesen war, sprangen mit dem kleinen Erdmann von gerade mal einen Meter dreißig ins Auto und los ging`s. Zunächst suchten sie einige Kneipen in der Gegend auf. Nachdem sie ein paar Biere intus hatten, schlug Erdmann erneut vor:

„Wie wär`s, habt Ihr nicht Lust auf die Reeperbahn?" Alle waren begeistert. In der Talstraße parkten sie ihre Autos direkt vor einem Lokal. Voller Tatendrang sprang Erdmann als erster aus dem Auto, er riss die Lokaltür auf und tauchte ein ins schummrige rote Licht und rauchgeschwängerter Luft.

Übermütig geworden schnappte er sich mit seinen kräftigen Armen den erstbesten Stuhl, hob ihn in die Höhe, umklammerte mit seiner rechten Hand ein Stuhlbein und fuchtelte so mit dem Stuhl in der Luft umher, während er zur dröhnenden Schlagermusik aus der Musikbox in Richtung Tresen tänzelte.

„Wir wollten Schaps und Bier", rief er dem Wirt entgegen, der sich über den Tresen lehnte und bereits wütend dieses Schauspiel beobachtete:

„He, du kleiner Zwerg, was willst du hier? Raus mit dir, aber sofort, sonst lass ich dich rauschmeißen!"

Just in diesem Moment ging die Tür auf und sechs Riesen betraten das Lokal.

Ein breites Lächeln huschte über Erdmanns Gesicht. Stolz zeigte er auf die Männer und sagte mit Genugtuung: „Meine 'Bodygards', los, los Bier und Schnaps, aber dalli, dalli!" Dem Wirt fiel erstmal die Kinnlade 'runter, jedoch nach der ersten Schrecksekunde, stellte er schnell die Biergläser unter den Zapfhahn und die Schnapsgläser in Reih und Glied auf den Tresen. Zu vorgerückter Stunde und mit einem ziemlichen Alkoholpegel im Blut, träumte Erdmann vom nächsten Abenteuer:

„Ich möchte jetzt zur Herbertstraße!" Weil Erdmann so großzügig war und eine Runde nach der anderen geschmissen hatte, mochten die Jungs ihm den Wunsch nicht abschlagen. Also auf zur Herbertstraße.

Doch die Enttäuschung stieg von Minute zu Minute, denn keine der halbseidenen Damen wollten mit Erdmann was zu tun haben.

„Ne", sagte eine nach der anderen, als Arnold mit ihnen den Preis aushandeln wollte, „bei aller Liebe, aber mit so einem mache ich es nicht!"

Doch ziemlich am Ende der Herbertstraße, meinte eine verständnisvolle Dame: „Ja, warum nicht, er ist doch auch ein Mann und will ja auch mal." Und schwupp, waren sie verschwunden.

Als Erdmann später wieder zu den anderen stieß, strahlte er übers ganze Gesicht. Mit stolz geschwellter Brust sagte er: „Wenn ich auch klein bin, aber der Apparat da unten, der ist völlig in Ordnung."

Liebesspiele: Dass ein Bauer es mit seiner Köksch im Heu getrieben hat, war bestimmt nicht einmalig. Ein Dorf hatte ja genug lauschige Ecken, wo man sich heimlich der Liebe hingab.

Aber als man die beiden auf dem Heuboden überraschte, und sie vor lauter Schamgefühl einen Schock bekamen, so dass sie in eine Art Krampfzustand verfielen, aus dem sie nur ein Arzt mit einer Spritze befreien konnte, war schon einmalig! Einmalig in Kollow!

Und – noch so ein Fremdgänger: Auch er hatte ausgesprochen Pech. Natürlich gibt es seit Menschengedenken Fremdgänger. Dieser Kollower Ehemann, nennen wir ihn „Adalbert", verliebte sich in eine junge Witwe – er selbst war bereits um die sechzig Jahre alt. Sie war mit fünf Kindern gesegnet und lebte in Schwarzenbek. Weil er Mitleid mit den Kindern hatte, – nicht mit seinen eigenen, sondern mit den Kindern seiner Geliebten, schleppte er alles dorthin, was er irgendwie ergattern konnte. Auch Lebensmittel, die eigentlich für seine eigenen Kinder bestimmt waren. Irgendwann war er derart in seine neue Familie verliebt, dass er mit Sack und Pack zu ihnen nach Schwarzenbek zog und sich scheiden lassen wollte. Als der Richter vom Adalbert den Grund seiner Scheidung wissen wollte, antwortete er: „Herr Richter, meine Frau kann weder Strümpfe stopfen noch kochen." Erstaunt fragte der Richter: „Wieso fällt ihnen das erst jetzt nach vierzig Ehejahren auf?" Darauf wusste Adalbert natürlich keine Antwort.

„So alte Eheleute scheide ich nicht mehr", entschied der Richter. Einige Jahre verbrachte Adalbert nun bei seiner jungen Geliebten und gab sich die allergrößte Mühe, nicht nur sie, sondern auch ihre fünf Bälger glücklich zu machen. Doch so sehr er sich auch abstrampelte, als sie ihre Kinder groß hatte, ließ sie ihn verprügeln und schmiss ihn in hohem Bogen aus dem Haus. Reumütig wollte er nun wieder zu seiner Frau nach Kollow zurück. Nun waren es seine eigenen Kinder, die dafür sorgten, dass ihre Mutter, die bereits wankelmütig geworden war, ihn auf keinen Fall wieder ins Haus ließ. Das hatte der alte Adalbert nun davon!

Ottopisser: Das war sein Spitzname. Ich meine, war ja nichts Außergewöhnliches, wenn Männer in einer Zeit, in der es überwiegend nur Plumpsklos gab, gegen eine Hecke oder einen Baum pinkelten. Nur damit begnügte sich ein Bauer nicht. Er pinkelte grundsätzlich gegen seine eigene Hauswand.

Im Gespräch mit Frau und Tochter vertieft, merkte Ottopisser plötzlich, dass er pinkeln musste.

Er ging vor die Haustür, dann ein paar Schritte nach rechts, stellte sich unters offene Küchenfenster und pinkelte gegen die Hauswand, währenddessen setzte er seine Unterhaltung mit Mutter und Tochter fort.

Ständig lief die Suppe an der Wand runter und in einem Rinnsal den Mietern, die auch nur ein paar Schritte weiter wohnten, an der Haustür vorbei.

Auch das war einmalig. Eine einmalige Sauerei!

Der Hexer vom Dorf: Fernsehen brauchten wir nicht, gab`s ja auch nicht. Unterhaltung hatten wir auch so genug im Dorf. Irgendein Film lief immer – in unseren Köpfen. Dafür sorgte der Dorftratsch. Das Neueste kam vom Zauberer. Böse Zungen behaupteten, er wäre ein Hexer.

Unter vorgehaltener Hand wurde kräftig getuschelt und schreckliche Schauergeschichten verbreitet. Hugobert hieß er, und wohnte mit seiner Familie mitten im Dorf. Wo er auftauchte, hatten die Menschen pure Angst. Er könne alles verhexen, was er möchte. Speziell, wenn man mit ihm Streit hatte, hieß es. Es soll auch schon ein totes Schwein im Stall gelegen haben, nachdem er sich in der Nähe des besagten Schweinestalles aufgehalten hatte. Das hatte Mutter mir erzählt. „So ein Humbug!", sagte ich zu ihr, „wahrscheinlich war er nur zufällig, als das Schwein bereits tot war, an dem Schweinestall vorbeigegangen.

Tratsch und Aberglauben, auch Gruseln vor Unheimlichem war stark verbreitet im Dorf. Bei einigen Menschen ging einfach die Fantasie mit ihnen durch. Mit mir nicht, ich glaubte nicht an solchen Spuk-Kram.

Tante Olga, eine Freundin meiner Mutter, wohnte gleich neben dem Hexer. Sie hatten Nachbarschaftsstreit mit ihm und demzufolge große Angst vor seinen Verwünschungen. Um ihren kleinen Sohn, der erst im zarten Babyalter war, vor solchen dunklen Mächten zu schützen, hatte sie sich was ganz Besonderes einfallen lassen. Sie legte jeweils unter der Matratze des Babybettes sowie des Kinderwagens eine Schere.

Nun konnte er dem Baby nichts mehr anhaben. Glaubte sie! Gar nicht mal so abwegig, schließlich hängten sich die Menschen in Draculas Gegend auch Knoblauch ans Fenster und Scheren an die Türen, um ihn von sich fernzuhalten.

Eines Tages, ich kam gerade von der Schule, saß der Hexer bei meiner Mutter in der Küche. Gleich nach der Begrüßung fiel ich mit der Tür ins Haus:
„Hugobert, die Leute tuscheln im Dorf, Sie können nicht nur zaubern, sondern auch hexen. Ich glaube nicht an solchen Hokuspokus." Funkstille.
Völlig überrumpelt, schaute mich meine Mutter bestürzt an. Ein wenig Angst spiegelte sich in ihren Augen. Aha, sie glaubte also auch an so einen Quatsch.
Nach einer Weile lächelte er mich an und sagte:
„So, du glaubst also nicht an meine außergewöhnlichen Fähigkeiten?"
„Nein! Sie können es mir ja beweisen, dass Sie hexen können."
Wieder überlegte er. Nach einer Weile sagte er schließlich:
„Nun gut, Moni, ich werde es dir beweisen!"
Wieder Pause. Er schien zu überlegen, was er mir als dreizehnjährigem Mädchen wohl zumuten könne. Ich war aufs Äußerste gespannt. Ein Lächeln huschte über sein Gesicht; als er verlauten ließ:
„Heute um Mitternacht, Punkt zwölf Uhr, wirst du plötzlich wach und weiße Tauben an deinem Fenster herumflattern sehen."
„Nur weiße Tauben?" Ich war enttäuscht. Schlimmeres wollte er mir nicht zumuten, meinte er.
Was heißt wach werden, vor lauter Spannung bin ich gar nicht erst eingeschlafen. Andauernd schaute ich auf den Wecker, der auf meinem Nachtschrank stand und wartete und wartete. Endlich, kurz vor zwölf war es dann so weit. Gespannt sprang ich aus dem Bett, lief zum Fenster und starrte in die finstere Nacht, denn Straßenlaternen gab es nicht in Kollow. Keine weißen Tauben, nichts flatterte am Fenster vorbei, rein gar nichts. Kein Flügelschlag, kein Laut, nichts war zu hören. Es herrschte absolute Stille. Ein wenig enttäuscht, aber siegessicher kroch ich wieder ins Bett.
Forschend fragte ich ihn am nächsten Tag:
„Na, Hugobert, wo sind denn Ihre Tauben hingeflogen? An unserem Fenster kam jedenfalls keine einzige vorbei." Er lächelte mich wieder an und hob nur die Schultern. Gesagt hat er nichts. Außerdem war er ein guter Bekannter meiner Mutter, und soviel ich weiß, hatte sie weder mit ihm noch mit seiner Familie Streit. Sie war ein sehr friedliebender Mensch. Ihr Lebensmotto war: „Leben und leben lassen"!

Und wie war es denn mit den Zigeunern? Zogen sie mit ihren selbstgemachten Handarbeiten durchs Dorf in der Hoffnung, etwas zu verkaufen, wurde alles, was nicht niet- und nagelfest war, hinter Schloss und Riegel gebracht. Selbst die Wäsche wurde von der Leine genommen.

Jagdfieber: Jeder, der in Kollow Rang und Namen hatte, war im Besitz eines Jagdscheines. Es gehörte in gewissen Kreisen einfach zum guten Ton, sein Wild selbst zu erlegen. Vor allen Dingen, war das Geweih des Hirsches eine ganz besonders begehrte Trophäe. Nur gut schießen, das heißt, ein gutes Händchen für die Flinte zu haben, um auch das begehrte Wild zu treffen, war nicht jedem gegeben.

Otto und Adolf Knese trafen sich öfter mit ihrem Freund, dem Bäcker Frisse aus Gülzow und gingen gemeinsam auf die Jagd. Adolf und der Bäcker waren bereits stolze Besitzer von Hirschgeweihen.
Nur beim Otto wollte es einfach nicht klappen. Er schoss grundsätzlich daneben. Irgendwann tat Otto den beiden leid. Sie schmiedeten einen

Plan. Frühmorgens, es war noch nicht hell, machten sich die drei auf den Weg zum Jagdrevier. Sie stiegen die schmale Leiter zum überdachten Hochstand hinauf und setzten sich zunächst einmal auf die Holzbänke, die links und rechts an der Seitenwand befestigt waren. Vorn hatten sie durch die breite Öffnung einen traumhaften Blick über die Landschaft.

„So Otto, heute wollen wir doch mal sehen, dass auch du endlich mal dein Hirschgeweih bekommst", machte ihm der Bäcker Mut.

„Sobald ein Hirsch auftaucht, musst du genau nach meinen Anweisungen schießen. Allmählich lichtete sich die Dunkelheit und es wurde still im Hochstand. Angestrengt lauschten sie auf Geräusche. Drei Augenpaare schauten über die umliegenden Wiesen und Felder, die von kleinen Wäldchen unterbrochen wurden. Am Horizont kündigte ein zarter, schmaler roter Streifen die Sonne an. Feuchte Nebelschwaden zogen über die Wiesen. Der Hochstand stand am Rande eines Waldes. „Da", flüsterte der Bäcker, „hört ihr es? Otto, halte deine Flinte im Anschlag." Auch Adolf setzte seine Flinte in Position. Zwei Rehe sprangen aus dem kleinen Wäldchen hervor. Eine Weile verharrten sie auf der feuchten Wiese, fraßen ein wenig und beäugten die Gegend. Plötzlich sprang ein prächtiger Hirsch direkt neben ihnen aus dem Wald. Los Otto, folge mit deinem Lauf dem Hirsch, aber noch nicht schießen. Als der Hirsch die bestmögliche Schusslinie erreicht hatte, befahl der Bäcker: „Los, jetzt schieß! Nochmal, los schießen!" Der Bäcker stand direkt hinter Otto. Sicherheitshalber schoss auch Adolf genau zur selben Zeit. Otto war so sehr mit sich beschäftigt, dass er es nicht merkte. Beim zweiten Schuss fiel der Hirsch zu Boden. Otto war derart aufgeregt, dass ihm die Schweißperlen auf der Stirn standen. „Mensch Otto, du hast ihn getroffen!", riefen beide, Adolf und der Bäcker, wie aus einem Munde. „Heute bist du mit dem Ausgeben dran!" Endlich nannte Otto ein Hirschgeweih sein eigen. In der Gaststätte „Zur Erholung" feierten sie seinen Sieg. Nachdem sie ordentlich auf Ottos Kosten gebechert hatten, steckte sie ihm es doch, wer den Hirsch getroffen hat. Das war fies.

Kolonialwarenladen Hümpel: Mit einer Kladde sowie der obligatorischen Lebensmittelkarte ging ich zum Kolonialwarenladen Hümpel einkaufen.
Was man in diesem kleinen Laden kaufen konnte? - Wenn es dann überhaupt was gab! Mutter hatte alles fein säuberlich ins Heft eingetragen, was ich kaufen sollte. Herr oder Frau Hümpel, je nachdem, wer im Laden war, arbeiteten Reihe für Reihe ab und schrieben den Preis ans Ende der Zeile. Danach bekam man das Heft zurück. Am Monatsanfang ging Vater dann hin und bezahlte alles. Viele Dorfbewohner ließen anschreiben und bezahlten die Summe einmal im Monat, wenn es Geld gab.

Mit der Hygiene nahm Herr Hümpel es nicht so genau. Schließlich bewirtschaftete er auch noch nebenbei seine Landwirtschaft, da gab es keine sauberen Fingernägel. Mir wäre es nicht aufgefallen, denn ich hatte bestimmt auch die meiste Zeit keine sauberen Fingernägel, das weiß ich genau. Aber Arnold war schon älter als ich und ein guter Beobachter. Er sah, wie Hümpel den Milchmessbecher vom Rand der großen Milchkanne in die rechte Hand nahm und ihn anschließend mitsamt seiner Hand tief in die Milch eintauchte. Danach goss er die Milch in die mitgebrachte Kanne des Kunden um. Irgendwann, vielleicht beim fünften Milchkunden, waren seine Fingernägel bestimmt sauber, meinte Arnold. Auf jeden Fall war Arnold danach froh, dass er seine Kuhmilch direkt vom Bauern bekam.

Ilse Harms beobachtete Folgendes: Wenn ein Kunde Käse kaufte, nahm Hümpel sein Für- alles-zuständig-Messer, wischte es an seiner vom Stall völlig verdreckten Hose ab, und schnitt mit dem für ihn scheinbar sauberen Messer das gewünschte Stück Käse vom großen Käselaib ab.

Abschied von Kollow

Nach Geesthacht zum Onkel Walter: Mutter hatte längst wieder ihre Fühler nach einem anderen Mann ausgestreckt. Onkel Walter war der Auserwählte, die neue Beziehung meiner Mutter. Wir zogen nach Geesthacht zu ihm! Es ging holterdiepolter. Warum wollte Mutter keine ruhige Zeit mit mir und Rolfi verbringen? Nein, sie musste sich unbedingt auf ein neues Abenteuer einlassen, mit Onkel Walter und seinen beiden Söhnen Werner und Dieter. Dem armen Onkel war die Frau mit einem Engländer durchgebrannt. Einfach so, Mann und Kinder im Stich gelassen. Aber das kannte ich ja schon von Wilhelmine; schien ja Mode zu sein. Musste sich meine Mutter deshalb wieder Kinder aufhalsen?

Nun lebten wir zur Abwechslung mal in einer Onkelehe, so nannte man es.

Er war ein großer drahtiger Mann, dessen Gesicht eine ziemlich große Hakennase schmückte. Beim Bauern, dessen Hof ein paar Häuser weiter am Ende der Geesthachter Straße stand, war er Vorarbeiter. Mutter kam mir jetzt neben Onkel Walter noch kleiner vor.

Sie war höchsten einen Meter fünfzig groß und Onkel Walter über einen Meter achtzig. Verstanden habe ich mich mit ihm von Anfang an. Nur nicht mit seinem ältesten Sohn, dem Dieter, der lag mir von vornherein quer im Magen. Ich ihm auch! Er war ein Jahr jünger als ich. Der Werner, der zweite Sohn meines neuen Onkels, war zwei Jahre jünger als ich. Ein ruhiger Vertreter – still und in sich gekehrt. Er hing sehr an seiner Mutter und weinte sich nachts die Augen aus. Alpträume plagten ihn. Prompt machte er wieder ins Bett – zum Leidwesen meiner Mutter. Wie oft hat er an seine Mutter nach England geschrieben, sie möge ihn doch nachholen. Aber sie konnte nicht, schrieb sie stets zurück. Wie tat er mir leid! Gefühllose Schlampe, nannte ich sie in Gedanken.

War das ein heißer Spätsommer. Hatte ich schon mit meinen Brüdern kein Zuckerschlecken, so war es mit Dieter die reinste Hölle. Wir zankten uns nur, – speziell, wenn wir allein waren. Mutter war mit Onkel Walter auf dem Feld. Sie half ihm bei der Kartoffelernte, um sich etwas nebenbei zu verdienen. Ich sollte, bevor sie nach Hause kamen, schon mal die Kartoffeln für Kartoffelpuffer reiben. Unermüdlich rieb ich am Spätnachmittag Kartoffeln. Meine Arme taten mir schon weh, aber ich hielt durch, bis die große Schüssel voll war. Dieter tauchte auf. Großkotzig setzte er sich an den Tisch. Ich machte ihm Vorwürfe, warum er nicht eher kam, um mir beim Reiben zu helfen. Überhaupt musste ich jetzt mehr im Haushalt helfen als in Kollow. Von oben herab meinte Dieter:
„Ich, im Haushalt, verwechselst du da nicht was? Ich bin doch kein Mädchen. Du spinnst wohl, Jungs arbeiten nicht im Haushalt. Basta!" Außer mir vor Wut, schoss ich mit bösen Worten zurück. Es eskalierte! Blind vor Wut griff ich in die Schüssel und warf ihm den geriebenen Kartoffelmatsch um die Ohren. Im Nu waren wir beide in eine Kartoffelschlacht verwickelt, denn auch Dieter griff in die Schüssel. Das Ende vom Lied: Nicht nur wir waren mit dem Kartoffelmatsch von oben bis unten bekleckert, sondern auch die gesamte Küche. In Rinnsalen lief der Brei die Wände hinunter. Ich glaube, so geschockt habe ich meine arme Mutter selten gesehen, als sie müde und abgekämpft die Küche betrat. Glücklicherweise tauchte Onkel Walter bald danach auf. Er sprach ein Machtwort – auch mit seinem verwöhnten Knaben.

Während Dieter und ich die Küche schrubbten, bereitete er mit Mutter das Abendessen zu. Es gab Mehlpfannkuchen anstatt Kartoffelpfannkuchen.

Zum Konfirmandenunterricht ging ich weiterhin nach Gülzow. Ich wollte gemeinsam mit meinen früheren Mitschülern aus Kollow konfirmiert werden. Bis ich das alles auf die Reihe kriegte, wie ich von Geesthacht nach Gülzow komme, hatte ich bereits ein paar Mal den Unterricht geschwänzt.

Als dann die Konfirmation näher rückte, wollte Pastor Krause mich nicht konfirmieren. Er meinte, ich gehöre nicht mehr zu seiner heiligen Gemeinde. Das sah ich anders, und im Kämpfen geübt, redete ich stundenlang auf den Pastor ein, bis er sich umstimmen ließ.

Überhaupt, nicht nur Lehrer Becker war ein strenger Lehrer, nein, auch der Pastor Krause in Gülzow. Wer seinen Bibeltext bis zum nächsten Konfirmandenunterricht nicht gelernt hatte oder während des heiligen Unterrichtes schwatzte, dem haute er einfach die Bibel auf den Kopf. Hatte er da was verwechselt? Es hieß doch, die Bibel sei ein heiliges Buch? Nur wenige Kinder schwärmten von ihm.

Nicht so eine fleißige Kirchengängerin aus Kollow, Mutter von drei Kindern und Witwe. Sie schwärmte von diesem gutaussehenden, jungen Pastor. Mindestens dreimal die Woche ließ sie sich in der Kirche blicken. Auch sonst nutzte sie jede nur erdenkliche Gelegenheit, sich für die heilige Kirche zu engagieren. Manchmal schmiss sie sich vor lauter Frömmigkeit auf die Knie und betete inbrünstig.

Wieder flüsterte man in Kollow:

Die Arme, sie habe sich hoffnungslos in den jungen, gutaussehenden Pfarrer verknallt. Leider beruhte diese Sympathie nicht auf Gegenseitigkeit. Gegönnt hätte ich es ihr.

Zeugniskampf: Die Konfirmation war nicht mein einziger Kampf. Auch meine neue Schule in Geesthacht hatte mich überhaupt nicht auf ihrem Zettel. Obwohl ich die letzten sieben Monate treu am Unterricht der siebten Klasse teilgenommen hatte, bekam ich am Ende des Schuljahres im März 1953 kein Zeugnis. Als einzige Schülerin in der Klasse. Weder ein Klassenzeugnis noch ein Abgangszeugnis. Nichts! War ich die ganze Zeit Luft? Entrüstet ging ich zum Lehrer und sagte ihm auch gleich, dass für mich die Schule beendet sei, weil ich bereits meine Pflichtschuljahre absolviert habe, obwohl ich erst in die siebte Klasse ging.

Der Klassenlehrer wusste von nichts und schickte mich zum Rektor. Auch er wusste von nichts. Wahrscheinlich hätten sie auch nichts bemerkt, wenn ich in Geesthacht gar nicht in die Schule gegangen wäre. Nach kurzem Überlegen meinte der Rektor: „Aber wir können in so kurzer Zeit nicht deine Leistungen beurteilen. Und ohne Leistungsnachweis können wir dir kein Abgangszeugnis ausstellen."

Ich muss ihn derart enttäuscht angeschaut haben, dass er mir folgenden Vorschlag machte:

„Also gut, du fährst jetzt nach Kollow, gehst dort zu deinem früheren Lehrer und holst dir seine Beurteilung und die Zensuren. Dann stellen wir dir ein Abgangszeugnis aus."

Lehrer Becker wusste nach sieben Monaten meiner Abwesenheit auch nicht mehr so recht, wie er meine Leistungen beurteilen sollte. So feilschte ich mit ihm über jede einzelne Zensur, bis ich einigermaßen zufrieden war. Zum Abschluss drückte mir Lehrer Becker doch tatsächlich noch einen Heiermann (Fünfmarkstück) in die Hand und wünschte mir für meine Zukunft alles Gute. Ich war platt. Das hätte ich von ihm nicht erwartet. So bekam ich ein Abgangszeugnis aus der siebten Klasse mit durchschnittlichen Zensuren. Lange habe ich mein Zeugnis nicht behalten. Irgendwann ging es verloren, und ich war froh!

Meine einsame Konfirmation: Im März 1953 wurde ich gemeinsam mit meinen früheren Schulkolleginnen und Kollegen in der Gülzower Kirche konfirmiert. Trotz meines hübschen dunkelblauen Taftkleides, meinen ersten Nylonstrümpfen sowie den blauen Slippern, sah ich mit meinen langen Zöpfen, verglichen mit den anderen Mädels, wie eine Zwölfjährige aus. Es war auch das letzte Mal, dass ich meine Klassenkameraden gesehen habe. Wie gerne hätte ich in Kollow meine Konfirmation gefeiert.

Was für eine einsame Konfirmationsfeier hatte ich in Geesthacht! Außer Tante Henny und Onkel Emil kam niemand zu Besuch. Nur Lilla und Ewald sowie Wilhelmine waren noch gekommen. Längst hatten wir beide uns wieder vertragen. Butz war im Kohlenpott und Nauke war zu einer Langzeitkur. Leider hatte er einen Schatten auf der Lunge – Vaters Erbe. Kein Verwandter väterlicherseits war zu meiner Feier gekommen. Sie waren empört, dass Mutter noch vor Ende des Trauerjahrs zu einem anderen Mann gezogen war.

Dafür hatte ich volles Verständnis, denn ich fand es ja auch nicht toll! Was war aber mit den Verwandten mütterlicherseits, gerade die waren doch während des Kriegs und danach ständig zum Hamstern da. Weil mich in Geesthacht niemand kannte, bekam ich von den Nachbarn keine Gratulationskarten und auch kein Geld geschenkt, wie ich es in Kollow bekommen hätte. Ich trauerte Kollow hinterher. Ewald entpuppte sich als Mamas Berater. Er meinte doch tatsächlich auf meiner Konfirmation:
„Am besten du gehst zum Bauern als Köcksch arbeiten. Dann brauchst du nicht mehr zu Hause wohnen!"
Aha, Mutter hat ihm die Schwierigkeiten mit mir und Dieter erzählt. Ich war also nicht mehr erwünscht. Die Wohnung gehörte ja Onkel Walter. Dieter würde erst im nächsten Jahr konfirmiert, und wenn er danach eine Lehrstelle antrat, würde er weitere drei Jahre zu Hause bleiben.
„Niemals gehe ich zum Bauern und schon gar nicht als Köcksch."
Ich war entsetzt!
„Wieso nicht, dann verdienst du doch gleich Geld", spann er seinen Faden weiter.
„Ich pfeife aufs Geld, ich will was Vernünftiges lernen", konterte ich.
„Mensch Moni, wofür willst du was lernen? In ein paar Jahren heiratest du, bekommst Kinder und brauchst nie wieder zu arbeiten", fuhr er unbeirrt fort.
Ich stand auf, zeigte ihm einen Vogel und ging nach draußen – frische Luft schnappen, wie immer, wenn ich nicht weiter wusste.

Kindheit ade: Auch wenn ich nur aus der siebten Klasse entlassen wurde, aber zum Bauern in die Küche, vielleicht auch noch im Kuhstall mithelfen. Ich? Nö, das war nicht das, wovon ich träumte. Irgendwann wollte ich doch die große weite Welt erobern. Heiraten? Noch lange nicht! Tagelang zermarterte ich mir den Kopf, bis mir endlich ein Licht aufging.
Ich hieße doch nicht Moni Meyer, wenn ich mir nicht zu helfen wüsste und ging schnurstracks zur Jugendbehörde.
Dort erzählte ich der netten Sachbearbeiterin von meinen Schwierigkeiten. Inbrünstig bettelte ich, ob sie mich nicht in einem Jugendaufbauwerk unterbringen könnte.

Dann wäre ich ja erstmal für ein Jahr von zu Hause weg. Wenn ich dann nach einem Jahr eine Lehrstelle zugewiesen bekäme, würde sich schon was mit dem Wohnen ergeben. Sie half mir. Ein paar Tage später bekam ich Bescheid, ich möchte am Freitag, den 10. April vorbeikommen – sie hätte einen Platz für mich.

Überglücklich zeigte ich meiner Mutter den Brief. Sie war nicht begeistert. Schwieg aber. Wahrscheinlich malte sie sich schon aus, dass der Ärger mit dem Platzmangel nach einem Jahr von vorn losgehen würde.

Trotzdem bohrte ich weiter:

„Mama, sag doch was."

Gern hätte ich meine Freude mit ihr geteilt.

Endlich ließ sie mal wieder einen ihrer Sprüche los:

„Kommt Zeit, kommt Rat!"

Die nächsten Tage fieberte ich meinem Termin bei der Jugendbehörde entgegen. Zwei Tage vorher machte Mutter mir einen Strich durch die Rechnung.

„Ich habe eine tolle Überraschung für dich", meinte sie, als sie von einem Besuch aus Schwarzenbek zurückkam.

Voller Erwartung spitzte ich die Ohren.

„Ich komme gerade von Onkel Ewald und Tante Emma, du weißt, die mit der Eisdiele."

Wir nannten alle Freunde meiner Mutter Tante und Onkel. Die mit der Eisdiele mochten wir besonders. Stets bekamen wir eine Kugel Eis geschenkt, wenn wir mit durften.

„Stell dir vor Moni, Onkel Ewald hat eine Schwester in Hamburg wohnen, die besitzt dort ein richtiges Eis-Café. Sie sucht dringend eine Hilfe. Da haben wir gleich an dich gedacht."

„Aber Mama", unterbrach ich sie, „ich suche doch eine Lehrstelle, eine richtige Lehre, mit Abschluss und so."

„Ach Kind, was willst du drei Jahre lernen, da bist du gleich mittendrin, kannst Eis verkaufen und verdienst richtiges Geld. Stell dir vor, ein eigenes Zimmer bekommst du auch. Das Jugendaufbauwerk kannst du dir dann sparen. Außerdem wolltest du doch schon immer nach Hamburg, stimmt`s?"

„Hm", ich war total überrumpelt, meine Gedanken überschlugen sich: Eis verkaufen, Geld verdienen, eigenes Zimmer, mitten in Hamburg. Mir wurde ganz wirr im Kopf.

„Ich weiß doch gar nicht, ob ich im Eis-Café arbeiten will", unsicher schaute ich Mutter an.

„Weißt du was, wir fahren gleich morgen mal hin, und dann sehen wir weiter." Den restlichen Tag war Mutter damit beschäftigt, es mir schmackhaft zu machen. Sie nahm eine kleine Reisetasche, und wir packten schon mal das Nötigste für mich ein.

„Falls es klappt, bleibst du gleich da!", entschied sie.

Es klappte.

Ein Dorf im Wandel der Zeit!

Früher gab es im Dorf zwei Gaststätten, die eine hieß „Zur Linde" und die andere „Zur Erholung". Hier feierten wir nicht nur unsere Dorffeste, sondern hier trafen sich abends, nach getaner Tagesmühe, die Dorfbewohner, (meistens männlich) bei Köm und Bier. Sie spielten Skat, rauchten Pfeife oder sie zogen genüsslich an einer Zigarette, wenn es denn den Köm und Tabak überhaupt gab. Doch die Kollower waren seit eh und je erfinderisch und brauten dann eben ihren Schnaps selbst und pflanzten in ihren Gärten Tabak an. Heute gibt es nur noch eine Gaststätte, die nicht mehr „Zur Linde" heißt, sondern *„Mückenbach"*. Zwar wird der Saal nicht mehr benutzt, aber die Enkelin, Kirsten Schnackenbeck, bring ständig neue Ideen mit viel Schwung in ihre Lokalität. Satt Tanzveranstaltungen arrangiert sie Ausstellungen für Kollower Künstler und backt Kuchen, den sie am Sonntagnachmittag, je nach Witterungslage, entweder im lauschigen Biergarten oder im gemütlichen Terrassenzimmer serviert. Früher gab es einen Schuss Sahne in den Kaffee, heute bestellen die Gäste ihn mit geschäumter Milch. Früher kochte Kirstens Großmutter das Mittagessen für den Dorfschullehrer gleich mit. Heute verwöhnt Kirsten ihre Gäste mit einem leckeren Frühstück. Lütt un Lütt, Korn und Bier, wird heute noch genauso getrunken wie eh und je, jedoch mixt heutzutage Niki, der Sohn des Hauses, an bestimmten Cocktailabenden prickelnde Cocktails und süffige Longdrinks nach Originalrezepten, die er sich als Barkeeper in London angeeignet hat.
Gerne werden runde Geburtstage in der persönlichen Atmosphäre des Mückenbachs gefeiert. Die Kollower freuen sich über ihre Gaststätte, denn in vielen Dörfern ist der Dorfkrug aus dem Ortsbild verschwunden.

Ines Tretau ist neben ihrem Beruf als Bio-Landwirtin Kollows Bürgermeisterin.
In *Luise`s* Naturgarten können sich die Kollower mit gesunden Lebensmitteln eindecken.

Die Biogemeinde ist groß in Kollow. Jedenfalls von der landwirtschaftlichen Fläche her.

Denn die „*Geesthachter Rindergilde*" lässt ihre glücklichen Deutsch-Angus-Rinder von Frühjahr bis zum späten Herbst auf 40 ha fruchtbaren Bioweiden in der Kollower Feldmark grasen. Über 3000 Meter neu angelegte Knicks sowie diverse Feuchtbiotope haben zu einer spürbaren Zunahme der Artenvielfalt bei Tieren und Pflanzen geführt. So finden sich hier auf den "Steinrader Wiesen" rund um Kollow Neuntöter, Kuckuck, Rebhuhn, Kolkrabe, Roter Milan (Greifvogelart) sowie Laubfrosch (eines der größten Laubfroschvorkommen Schleswig-Holsteins), außerdem Schlüsselblume, Riesendistel (Wilde Karde), sowie Wildobstgehölze in einer wunderschönen und abwechslungsreichen Knicklandschaft – das nenne ich Umweltschutz. Aktive und passive neue Mitglieder sind stets herzlich willkommen.

Früher trabten mehr behäbige Ackergäule übers Kopfsteinpflaster durchs Dorf als edle Reitpferde.

Heute galoppieren die edlen Pferderassen mit ihren Besitzern auf den eigens für sie vorgegebenen Reitwegen durch leicht hügelige Landschaften und grüne Wälder rund um Kollow. Wer in dieser schönen Landschaft das Glück der Erde auf dem Rücken der Pferde erleben möchte, stellt sein Reitpferd auf dem Reiterhof „*Hof Linautal*" unter. Er liegt gegenüber dem idyllisch angelegten Dorfteich. Der Hof ist eine rundum Wohlfühlanlage mit großzügigen, stabilen Pferdeboxen, heller, freundlicher Reithalle und einem Außenreitplatz mit Kreisbahn sowie einem Springplatz und einem bereitbaren Teich. Ein Solarium fürs Pferd, um seinen Kreislauf in Schwung zu bringen sowie das weit reichende Ausreitgelände durch Wald und Wiesenflächen, das direkt am Hof beginnt, lassen jedes Pferde- und Reiterherz höher schlagen.

Ballspiele hatten wir Kinder früher auch. Alles war viel einfacher. Sobald sich mehrere Kinder auf einen freien Platz einfanden, spielten wir unermüdlich Völker- oder Schlagball. Außerdem gab es ja noch das Kippel-Kappel Spiel. Das kostete nichts und brachte viel Spaß.

Heute schlagen sich beim Tennissport im Verein „*Tennisfreunde Kollow*" Groß und Klein tapfer von einem Sieg zum nächsten. Der Verein ist sehr aktiv und sogar in der Landesliga vertreten. 220 Mitglieder hat er vorzuweisen, wovon ungefähr siebzig Jugendliche mitmischen. Alle Achtung für so ein kleines Dorf wie Kollow.

Damit auch die Freizeit nicht zu kurz kommt, gestalten die Tennisfreunde von Kollow übers Jahr ein umfangreiches Rahmenprogramm für Jung und Alt, wie zum Beispiel Spiele-Nachmittage, Rückenschule, Motorrad- und Fahrradausfahrten. Auch Nichtmitglieder sind stets herzlich willkommen.

Kollow kreativ!

Über Kollow scheint wirklich ein ganz besonderes kreatives Lüftchen zu wehen.

Schon früher in den dreißiger Jahren, ließ sich „Richard de Bruycker", Sohn der bekannten Hamburger Kunstmaler-Familie „Hermann de Bruycker" für mehrere Jahre in Kollow nieder – und ließ sich von der Kollower Landschaft inspirieren.

Heute sind es gleich mehrere Künstler, die hier in Kollow ihren festen Wohnsitz haben und bereits weit über die Kollower Grenzen hinaus bekannt sind.

Detlef Altmann kreiert in stundenlanger mühevoller Arbeit aus alten ausgedienten Eichenbalken wunderschöne nützliche Dinge, wie Flaschenständer und Kerzenhalter oder er lässt aus dem kostbaren Holz ausgefallene Dekorationsgegenstände entstehen. Aus gesammeltem Treibgut vom Ostseestrand – ob Holz, Metall oder Stein – erschafft er seine naturnahen Kunstobjekte.

Anke Hellberg: Sie gestaltet keramische Plastiken aus schamottiertem Ton. Vor 20 Jahren begann sie, neben ihrem Beruf als Werbekauffrau bei der Keramikerin Edith Rohwedder auch handwerklich kreativ zu arbeiten. Unter ihrer Anleitung entwickelte sie die Fähigkeit, das Material Ton so einzusetzen, dass Form und Material des Kunstobjektes sich zu einer Einheit ergänzen.

Über die Jahre hat sie durch Seminare in hochkarätigen Keramik-kursen ihre handwerklichen und künstlerischen Fähigkeiten kontinuierlich erweitert und ihren unverwechselbaren Stil entwickelt. Aus einem Hobby wurde eine ernsthafte künstlerische Tätigkeit!

Susanne Koch malt nicht nur ausdrucksstarke Tier- und Kinderbilder in Aquarell und Acryl, sondern sie versteht es *auch,* außergewöhnliche Schnappschüsse mit der Kamera einzufangen, um sie danach mit dem Pinsel auf der Leinwand zu verewigen.

Paul G.Rhein: Der Kollower Kunstmaler nahm nach seinem Grund-

studium in Fontainebleau/Frankreich Ende der fünfziger Jahre und einer weiteren Ausbildung an der europäischen Kunstakademie in Trier an regelmäßigen Seminaren in Worpswede teil. Die Weite der norddeutschen Landschaft, insbesondere die Lichtverhältnisse und die dörfliche Atmosphäre, beeinflussten seine Sichtweise in starkem Maße. Seit vielen Jahren ist er Dozent an der VHS in Reinbek und gibt seine Erfahrungen gerne an seine interessierten Schüler weiter. Neben der oftmals stark graphikorientierten Darstellungsweise seiner norddeutschen Heimat mit ihrer Weite, den Mooren, Flüssen und Kanälen ist auch die dörfliche Architektur ein Teil seines künstlerischen Spektrums.

Florentine Wendel-Wolff studierte zunächst am Atelier de Sèvres in Paris. Nach einem Jahr nahm sie ihr Studium an der Akademie der Bildenden Künste in München auf. Parallel absolvierte die Künstlerin ein Lehramtsstudium für das Fach Kunst und schloss dieses im November 2008 in München mit dem 1.Staatsexamen und zwei Jahre später mit dem 2. Staatsexamen ab.
Mit schneller und gekonnter Geste bringt sie ihre Lieblingsmotive – Tiere – in Lebensgröße auf die Leinwand.

Bewegungen und Lebendigkeit der Tiere und vor allem die anatomische Genauigkeit sowie der Ausdruck in Blick und Haltung spiegeln ihre zeitintensiven Studien in Zoos und in freier Natur wider.
Ständig werden einige Werke der Kollower Künstler im Mückenbach ausgestellt.

Sie unterrichtet an der Sachsenwaldschule in Reinbek.

Musik liegt in der Luft – damals so wie heute.
Heike-Maria Trabert tourt mit ihrer Querflöte durch die Lande. Sie gibt nicht nur Unterricht in Querflöte, sondern spielt auch klassische Musik in den umliegenden Kirchengemeinden. In ihrer zweiten Heimat, der Emilia-Romagna in Italien, gibt sie seit ein paar Jahren zu den Füßen der Burg von Canossa Solokonzerte. Außerdem wurde sie berufen, eine Literaturlesung über das Leben der Mathilde von Canossa (Burgherrin und Gastgeberin bei dem legendären Treffen zwischen dem Kaiser und dem Papst) musikalisch auszugestalten. Nicht nur große italienische Zeitungen, sondern auch der Fernsehsender Telereggio berichteten darüber.

Aike Zuther: Der Hobbyfotograf braucht sich auch nicht hinter all den Kollower Künstlern verstecken. Ständig ist er auf der Jagd nach außergewöhnlichen Motiven, die ihm in Kollow und Umgebung bestimmt nicht ausgehen werden. So manches Foto landet auch hin und wieder in der Zeitung. Selbst in Dänemark ist er aktiv und gestaltet für seinen Lieblingsurlaubsort seit 2006 einen Fotokalender mit Motiven aus Vejers.

Wer weiß, was sonst noch für Talente in Kollow schlummern und nur darauf warten entdeckt zu werden.
… Und damit das noch Verborgene und das neu Kommende nicht verloren geht, sammelt, archiviert und pflegt ***Anke Poggenhorn*** nun für das Dorfarchiv. So kann vielleicht später wieder ein neues Buch über Kollow und seine Bewohner in der kommenden Zeit entstehen.

Bildnachweis

Für das Bildmaterial und die freundliche Genehmigung zur Verwendung danke ich folgenden Künstlern:

Titelseite:
Günther Bema: die Mooskate

Buchrückseite:
Günther Bema: Schulmädchen, Kinderwagen

Detlef Altmann: Holz-Sculpture, Seite,164

Anke Hellberg: Keramische-Plastik , Seite 164

Susanne Koch: Lachende Gesichter, Seite 165

Paul G. Rhein: Alter Keller, Seite 165

Florentine Wendel-Wolff: Hirsch, Seite 166

Leseprobe

Das Buch mit dem Titel: **"Im Taumel der Begeisterung"**
erscheint demnächst. Infos unter: www.die-besten-singlereisen.de

1953 - Kindheit ade

Drei Stufen führten hinunter in mein zukünftiges Zuhause. Links und rechts am Eingang standen mit Stiefmütterchen bepflanzte Blumenkästen. Kostbarer halblanger Florentiner Tüll schmückte das Schaufenster. Ein wenig schüchtern betrat ich das hübsche Eis-Café. Eine große, schlanke Frau mit dunklen, dauergewellten Haaren sowie freundlich dreinschauenden Augen begrüßte uns. Dann musterte sie mich von oben bis unten und meinte schließlich:

„Ich weiß nicht Frau Meyer, ob Moni mir eine Hilfe sein kann, sie ist ja noch so zierlich, sie sieht überhaupt nicht wie ein vierzehnjähriges Mädchen aus. „Wir müssen hier alle hart anpacken, das wird sie doch niemals schaffen." Ungläubig schüttelte sie ihren Kopf, so, als wolle sie damit ihre Aussage bekräftigen. Am liebsten wär ich im Erdboden versunken. Ich war nicht nur klein und zierlich, auch meine langen Zöpfe machten mich nicht gerade erwachsener. Doch Mutter lobte mich in den höchsten Tönen:

„Das sieht nur so aus, da lassen Sie sich man nicht täuschen, was meinen Sie, Frau Steckmeister, wie die Moni schon arbeiten kann." Ich traute meinen Ohren nicht, wie kam Mutter nur darauf? Ich konnte mich gar nicht erinnern, je in meiner Kindheit geschuftet zu haben. Und was den Haushalt betraf, so machte meine Mutter ihn sowieso lieber selber. Komischerweise war ich ganz still, ich ließ alles über mich ergehen. So, als wäre ich nicht anwesend. Meine Mutter redete und redete, bis Frau Steckmeister sich schließlich breitschlagen ließ. Ich durfte bleiben, und meine Mutter zog glücklich von dannen. In diesem Moment fühlte ich mich noch kleiner und ziemlich unsicher.

Kindheit ade! Landleben ade!

So begann für mich in einem zarten Alter von vierzehn Jahren und vier Monaten der Ernst des Lebens: Für zwanzig Mark im Monat, Kost und Logis frei – in der Gärtner Straße 107 in Hamburg.

Liebevoll wurde ich im Kreise der Familie aufgenommen, und wie es in einer Familie Sitte ist, durfte ich sie auch duzen. Ab sofort waren es Tante Käthe und Onkel Hans für mich.

Durch einen langen Flur war die hintere Zwei-Zimmerwohnung vom vorderen, hübschen Eiscafé mit seinen kleinen nierenförmigen Tischchen und den Florentiner Kaffeehausgardinen getrennt. Hannelore, die sechsjährige Tochter, schlief bei ihren Eltern im Schlafzimmer. Ein kleines Zimmer, nicht größer als eine Besenkammer, lag neben der Küche. Hier schlief die zwanzigjährige Tochter des Hauses, Trauti. Ich landete auf dem roten Plüschsofa im Wohnzimmer.

1956 - Die Schweiz ruft!

An der Schweizer Grenze mussten wir 'raus und nicht nur unsere Pässe dem Zoll vorlegen, sondern auch eine Leibesvisitation über uns ergehen lassen. In meiner Aufenthaltsbewilligung, die ich dem Zoll vorlegen musste, hieß es wörtlich:

„Beim Grenzübertritt hat der Ausländer den Grenzkontrollorganen diese Zusicherung, sowie einen gültigen Pass vorzuweisen. Der Inhaber dieser Zusicherung hat sich, sofern er zum Stellenantritt einreist, beim Grenzübertritt der grenzsanitarischen Untersuchung zu unterziehen. Die Zurückweisung aus gesundheitlichen Gründen macht diese Zusicherung ungültig. Bedingungen – ledig und kinderlos".„Achtung! Hausangestellte haben weder Anspruch noch Aussicht auf Bewilligung eines nachträglichen Berufswechsels"

Fremdenpolizei Kanton Zürich

Gesund, ledig und kinderlos erfüllte ich diese Bedingungen und konnte entspannt die Zugfahrt fortsetzten. Endlich rollte der Zug am anderen Morgen in Zürich ein. Laut kreischten die Räder noch einmal auf, bevor der Zug zum Stehen kam. Kaum hatte ich den Bahnsteig betreten, erblickte ich zwischen dem geschäftigen Treiben auf dem Bahnsteig einen besonders großen kräftigen Mann, der ein Schild mit meinem Namen hoch hielt. Da er bereits ein Bild von mir hatte, kam er gleich auf mich zu. Sehr förmlich, mit einem knappen Lächeln, begrüßte er mich mit den Worten: „Grüezi, Frl. Meyer!" Er nahm mir meinen Koffer ab. „Kommen Sie, meine Familie freut sich schon auf Sie."

Das klang ja schon mal ganz nett. Trotzdem schien er kein Mann von großen Worten zu sein. Stillschweigend fuhren wir in seinem Auto links entlang des Zürichsees. Herrliberg las ich auf einem Schild am Ortseingang. Langsam fuhr er durch den hügeligen Ort, bis kaum noch Häuser auftauchten. Tief unter uns schaute ich auf den Zürichsee. Vor uns tauchte ein kleiner Wanderweg auf, der bergan auf einen Hügel führte. Das war das Ortsende. Links bog er in einen schmalen Sandweg und hielt vor der Garageneinfahrt eines schmucken Einfamilienhauses, das auf einem kleinen Hügel stand. Als ich ausstieg, wurde die Haustür von innen geöffnet. Drei Menschen schienen sich sichtlich über mein Erscheinen zu freuen. Frau Reinhard, ihr Vater und die kleine zweijährige Ragili, denn sie lächelten mir schon entgegen, als ich die zehn steinernen Treppenstufen empor stieg. Ich atmete auf. Nachdem ich allen vorgestellt worden war, zeigte Frau Reinhardt mir mein Zimmer im ersten Stock. Ich konnte es kaum glauben, noch nie hatte ich in einem so großen, hübsch eingerichteten Raum, mit Panoramablick über die Schweizer Berglandschaft, geschlafen.

1957 - Reisende Leute soll man nicht aufhalten.

Mit der Arbeit ist es wie mit einer Ehe, es gibt gute und schlechte. Manche Jobs plätschern genauso wie manche Ehen jahrelang nur so dahin. Wollte man darüber schreiben, bekäme man keine einzige Seite voll. Andere wiederum verlaufen von Anfang an so dramatisch, dass man schon nach kurzer Zeit einen ganzen Roman darüber verfassen könnte – wie meine Arbeit als Kindermädchen in England. Die gehörte zu meinen dramatischen Erlebnissen.

England, ich komme! Diesmal fiel es meiner Mutter schwer, loszulassen, das spürte ich. „Warum ausgerechnet England", hatten nicht nur sie, sondern auch die meisten Leute gesagt. „Weil ich genau dort hin will", war dann stets meine Antwort. „Als du letztes Jahr in die Schweiz gefahren bist, fiel mir der Abschied von dir leichter. England ist ein völlig fremdes Land für dich und überhaupt, du sprichst noch kein Englisch, wie willst du dort nur zurechtkommen? Moni, du musst mir versprechen, dass du zurückkommst, wenn du dort unglücklich bist. London ist eine riesige Stadt, überall lauern dort Gefahren." Ihre Stimme klang bedrückt.

„Du wirst sehen, Mama, alles wird gut."

„Wo sind denn ihre Arbeits- und Aufenthaltsgenehmigung?" Mit prüfendem Blick schaute der Zollbeamte zuerst auf meinen Koffer, dann schaute er mich an, während er meinen Reisepass durchblätterte. Mit naiver Stimme antwortete ich brav: „Die sind in London bei der Familie, wo ich arbeiten werde. Es ist nämlich so", ich erklärte ihm ausführlich, warum ich sie nicht dabei hatte. Dabei muss ich ihn so unschuldig angesehen haben, dass er sehr freundlich wurde und antwortete: „So geht es aber nicht." „Doch, doch, sehen Sie hier", ich zeigte ihm den Brief von Mrs. Leader, „sehen Sie, da steht drin, dass sie mein polizeiliches Führungszeugnis und das Gesundheitszeugnis erhalten hat und damit umgehend die Arbeits- und Aufenthaltsgenehmigung für mich in London besorgen wolle. Und ich schwöre Ihnen, sie hat sie bestimmt besorgt! Sie können sie ja mal anrufen, wenn Sie mir nicht glauben." So eine bescheuerte Ausrede hatte er wohl auch noch nicht gehört. Er schüttelte mit dem Kopf. Nach kurzem Zögern gab er mir eine Aufenthaltsgenehmigung für einen Monat und schob mir meinen Reisepass mit den Worten rüber: „Sie müssen sich so schnell wie möglich in London diese Aufenthaltsgenehmigung verlängern lassen!"
„Tausendmal danke, das mache ich." Hatte ich ein Glück, an einen so netten Zollbeamten zu kommen, der auch noch Deutsch sprach. Am liebsten hätte ich ihm einen Kuss auf die Wange gedrückt.
Mrs. Leader öffnete persönlich die Tür und tat freudig überrascht, als sie mich sah. Die Freude schien echt zu sein. Sofort führte sie mich in die große Wohnküche und stellte mich zwei jungen Mädchen vor, die ein paar Jahre älter als ich zu sein schienen: „Das sind Paula und Carla, sie kommen aus Rom und sind für ein paar Tage auf Besuch hier." Sie bat die beiden, mir etwas zu Essen zu machen: „Sie haben doch sicherlich großen Hunger?" Und wie ich Hunger hatte. Jetzt, wo ich am Ziel meiner Träume war, merkte ich meinen leeren Magen. Dann ließ sie uns allein.

Zwei Toastscheiben mit Orangenmarmelade war mein opulentes Abendbrot. Die Mädchen setzten sich zu mir und überfielen mich mit Fragen, die ich nicht verstand. „No english, sorry", war alles, was ich von mir geben konnte.

Mrs. Leader kam noch einmal in einem atemberaubenden Abendkleid in die Küche gerauscht und sagte: „Entschuldigen Sie mich bitte; ich muss noch zu einer Filmveranstaltung, wir können uns dann Morgen über alles unterhalten."
Am nächsten Tag versprach sie mir dann den Himmel auf Erden. Zweimal die Woche sollte ich Englischstunden beim Privatlehrer nehmen, den sie mir bereits besorgt hatte und auch bezahlen wollte. Im Sommer wollte sie mich mit nach Italien nehmen, denn sie betonte immer wieder, sie sei Italienerin und spräche nur so gut deutsch, weil sie für längere Zeit in Deutschland gelebt hätte. Auch würde sie dafür sorgen, dass ich mal eine Sitzung im House of Parlament beiwohnen dürfte. ‚Mensch hast du es aber gut getroffen'. Auf den Gedanken, warum sie mir gleich am Anfang so viele Versprechungen machte, ohne mich näher zu kennen, kam ich gar nicht.

Im Taumel der Begeisterung hätte ich am liebsten den ganzen Tag über gesungen!
Bereits am ersten Wochenende, nachdem ich in London angekommen war, fuhren wir zu ihrem Wochenendhaus aufs Land. Als ich hinten allein im Auto saß, wunderte ich mich, warum ihr kleiner Sohn Pipo sowie Paula und Carla nicht mitkamen.
Als ob sie meine Gedanken lesen konnte, meinte sie plötzlich: „Es ist besser für Sie, wenn wir das erste Mal allein dort hinfahren, dann können sie in Ruhe den Garten kennen lernen. Mit Pipo wäre es zu unruhig." Das klang plausibel. Ich freute mich auf ihren Traumgarten, wie sie ihn mir im Brief beschrieben hatte.
Völlig überrascht schaute ich auf einen mit Unkraut übersäten Garten, der von einer mannshohen Hecke umgeben, jeglichen Blick nach draußen versperrte. In einer Ecke stand eine kleine verwitterte Holzhütte. Von wegen Wochenendhaus. Eine Bretterbude mit zwei kleinen Zimmern und einer Miniküche. Für mich war kein Platz in dieser Bretterbude. Für mich war ein Verschlag vorgesehen, eine Art Holzgarage ohne Fenster, die zweite Bretterbude auf dem mittelgroßen verwilderten Grundstück. Eine dünne Bretterwand mit breiten Ritzen trennte die Garage in zwei Teile. Die eine Hälfte war überfüllt mit Gartengeräten, in der anderen Hälfte standen ein Kinderbett und eine Pritsche sowie ein klappriger Stuhl und ein wackliges tischähnliches Gestell.

Auf dem Lehmfußboden lag ein alter, versiffter Teppich, der ganz feucht war und auch so roch. Die ganze Bretterbude war muffig und kalt. Der Wind konnte durch sämtliche Ritzen pusten. Dass ich mal so landen könnte, hätte ich mir in meinen kühnsten Träumen nicht vorstellen können. Der Traum von einem glücklichen Aufenthalt in London als Kindermädchen, begann bereits hier im Garten ein Alptraum zu werden...

1960 - Zurück in der Heimat

Nach zwei aufregenden zum Teil dramatischen Jahren in England, kam ich nach Deutschland zurück. Im Gepäck einen Ehemann und ein Töchterchen, das gerade mal einen Monat alt war.

Ohne Deutschkenntnisse bekam Frank, mein Mann, anfangs nur eine schlecht bezahlte Arbeit. Somit musste auch ich mit 'ranrauschen, um Geld zu verdienen. Einen richtigen Beruf, mit dem ich was anfangen konnte, hatte ich auch noch nicht in der Tasche. Also landete ich zunächst in einer Fabrik, einer Luxuskartenfabrik. Nun stand ich den lieben langen Tag in gebückter Haltung an einer Prägemaschine, die den letzten Goldaufdruck mit einem Klick auf die Karte setzte. Nachts träumte ich von den Klicks der Prägemaschine.

Nach drei Monaten machte es endlich auch Klick in meinem Gehirn, und ich sagte zu meiner Kollegin Elke, die meine Freundin wurde und an der Nachbarmaschine stand: „Lange halt ich das hier nicht aus." „Ja, was willst du denn sonst machen?" „Ich habe mir schon einen Plan ausgedacht: Ich werde eine Abendschule besuchen. Dort belege ich dann einen Kurs für Stenographie und Schreibmaschine. Danach gehe ich ins Büro."

„Meinst du, das reicht?"

„Mal sehen." Kurzerhand meldete ich mich bei der Rackow-Schule an, kaufte mir eine gebrauchte Schreibmaschine und haute jede freie Minute auf die Tasten, dass mir bald die Gelenke schmerzten. Morgens um fünf Uhr klingelte der Wecker, und ich übte mich in Stenographie.

Bereits drei Monate später klopfte ich bei einer Firma, die eine Telefonistin suchte, an. Ich bekam die Arbeit. Freudestrahlend überfiel ich meinen Mann mit den Worten: „Ich hab es geschafft, jetzt bin ich Büroangestellte und keine Fabrikarbeiterin mehr." Er freute sich mit mir.

Der Empfang, in dem sich gleichzeitig die Telefonzentrale befand, war mein neuer Arbeitsplatz. Nun musste ich mit einem Kopfhörer die vielen Telefonate entgegennehmen, um sie weiterzuleiten. Das war ganz schön nervig. Bösartig blinkten mir die grünen und roten Zeichen entgegen. Vor lauter Aufregung steckte ich so manchen Stecker in die falsche Verbindung und brachte somit einige Gespräche durcheinander. Als ich es einigermaßen gelernt hatte, musste ich zusätzlich noch einfache Briefe nach Vorlage schreiben. Ach ja, und die vielen Besucher wollten ja auch noch weitergeleitet werden. Irgendwann tauchte dann der Personalrat auf und meinte, das sei ja nun nicht mein Job, womit er Recht hatte. Ich war draußen. Meine erste Niederlage. Jedoch kein Grund für mich, um gleich die Flinte ins Korn zu werfen. Jedoch von einer Telefonzentrale ließ ich in Zukunft lieber die Finger.

Übergangslos bekam ich einen neuen Job für allgemeine Büroarbeiten bei einem Kohlenhändler im Freihafen. Noch immer selbstbewusst stolzierte ich jeden Morgen ins Büro, ich war ja lernfähig. Meine neuen Kolleginnen und Kollegen waren sehr hilfsbereit und halfen mir, wo sie nur konnten. Lange währte mein Glück trotzdem nicht. Keine sechs Wochen, und ich war wieder draußen. Mein Pech, völlig überraschend musste ich ins Krankenhaus – das war ein Kündigungsgrund – damals. Na ja, eine Leuchte war ich ja auch noch nicht gerade. Noch nicht. Es war ja erst mein zweiter Versuch.

Kaum war ich aus dem Krankenhaus entlassen, lief ich zum Arbeitsamt. Die glaubten auch an meine Fähigkeiten und vermittelten mir eine Tätigkeit als Kontoristin in einer Kaffeegroßrösterei. Hier musste ich viel mit Zahlen arbeiten, das machte mir Spaß. Ich bekam einen eigenen Aufgabenbereich und war nach kurzer Zeit fest im Sattel. Nach der Schufterei in den letzten Jahren und der Fabrikarbeit war es ein tolles Gefühl. Endlich hatte ich die erste Stufe auf meiner Karriereleiter erklommen. Zweieinhalb Jahre währte mein Arbeitsglück, dann kam ein privates Glück auf mich zu. Meine zweite Tochter wurde geboren, und ich entschied mich zunächst einmal für eine Auszeit.

1960 - Auszeit – Pause

Eigentlich nicht die richtige Bezeichnung, denn Arbeit ist Arbeit, auch wenn man dafür nicht entlohnt wird. Ich meine, eine Hausfrau mit zwei Kindern hat auch ganz schön zu tun. Jedoch für mich als Powerfrau war es wie ein Spiel, ein Zeitvertreib. Nach dem Motto:

„ Man muss sich doch beschäftigen können, kann doch die ganze Zeit nicht pennen ",

entdeckte ich meine kreative Ader, nicht nur aus Langeweile, sondern auch aus der Not heraus. Denn die Lohntüte meines Mannes war alles andere als üppig. Zwar hatte er bereits eine Arbeit als Techniker im Baustahlgewerbe bekommen, jedoch musste er sich dort erst einmal bewähren. Klamotten waren im Verhältnis zum Einkommen teuer, besonders Kinderkleidung. Billigläden mit Klamotten zu Schleuderpreisen gab es nicht.

Mit Heimwerkeln startete ich mein „Selbst – ist – die – Frau" – Programm. Ich kaufte mir Tapetenrollen, nahm den Quast in die Hand und tapezierte zunächst einmal die Wohnung. Mutig geworden, wagte ich mich ans nächste Projekt – Kleinmöbel. Kaum war ich damit fertig, kam die nächste Idee. Aus Apfelsinenkisten vom Gemüsehändler zauberte ich Puppenstuben, und aus Spanplatten bastelte ich ein mannshohes Kasperletheater. Beides kam zu Weihnachten unter den Tannenbaum. Weihnachten war vorbei, und der Winter war kalt, also nahm ich zur Abwechslung mal die Stricknadeln in die Hand und sorgte so für warme Klamotten. Im Frühjahr tauschte ich dann die Stricknadeln gegen Nähnadeln um und nähte aus meinen abgelegten Kleidern hübsches Zeug für die beiden Mädels. Irgendwann entschloss ich mich, neue Stoffe zu kaufen. Aber nicht zu normalen Preisen, nein, ich entwickelte mich zur wahren Schlussverkaufsprinterin, wenn ich auch dafür morgens eine Stunde vor der noch geschlossenen Ladentür stehen musste. Denn ich war nicht die Einzige, die sich im Stoffeldorado im Nobelkaufhaus an der Alster mit kostbaren Stoffen zu Schleuderpreisen eindecken wollte.

Schneidern wurde mein größtes Hobby. Ich nähte alles wie bei der Haute Couture – von Hand mit Nadel und Faden.

Kaum ein Foto von damals, auf denen wir, meine Töchter und ich, nicht einen selbstgenähten Fummel trugen.

Irgendwann fiel mir auf, dass wir mit meinen vielen Hobbies viel Geld sparten und erstellte eine Gewinn- und Verlustrechnung auf. Ich staunte nicht schlecht, als ich feststellte, ich hätte keine müde Mark mehr auf der Habenseite, wenn ich ganztags arbeiten würde. Diese neue Erkenntnis wollte ich in die Welt hinausposaunen und verfasste ein Manuskript über das Für und Wider der Berufstätigkeit junger Ehefrauen mit Kindern. Mit Bärbel, einer Arbeitskollegin aus meinem letzten Bürojob, hatte ich mich angefreundet. Sie war Hobby-Modezeichnerin. Begeistert von meiner Idee, zeichnete sie für mich hübsche Modepüppchen – einmal mit den alten Kleidungs- stücken und daneben ein Model mit den neuen Entwürfen. Auch von meinen selbst gestalteten Möbeln fertigte sie Zeichnungen an. Ge- meinsam mit dem Manuskript sandte ich sie an meine Lieblingszeit- schrift – Constanze. Wochen gingen ins Land, ohne dass ich eine Antwort bekam. Schließlich fasste ich all meinen Mut zusammen und rief in der Redaktion der Constanze an. Nach mehrmaligem Weiterverbinden meldete sich schließlich der zuständige Redakteur Carl Tramm.

„Hallo Frau Meyer, ja hat man Sie noch nicht angerufen? Wir sind begeistert von Ihrem Bericht. Ich habe ihn bereits an mehrere freie Mitarbeiterinnen in ganz Deutschland für weitere Recherchen ver- sandt. Wir planen nämlich, eine Serie daraus zu machen. Na, was sagen Sie dazu?"
„Ich bin begeistert!"
„Sobald wir so weit sind, rufe ich Sie an, um einen Termin mit Ihnen zu vereinbaren, damit wir alles Weitere besprechen können."
Ich traute meinen Ohren nicht, was ich da gerade hörte. Meine Wan- gen glühten vor Aufregung, meine Gedanken schlugen Purzel- bäume, mein Herz klopfte laut vor Freude. Damit hatte ich nicht ge- rechnet. Mein erster Versuch, etwas aufs Papier zu bringen, und dann gleich so ein Riesenerfolg: Ich schwebte auf Wolke sieben…

1974 - Schwarze Brigade

Die Tage wurden wieder länger, die Frühlingsonne hatte schon ordentlich an Kraft zugelegt. Das war ein Grund für mich, mein Fahrrad wieder aus dem Keller zu holen. Ein schwerer, nach Honig riechender Duft wehte vom Rapsfeld herüber. Lautes Gezwitscher der Vögel erfüllte die Luft. Emsig bastelten sie an ihren Nestern. Auch ich steckte voller Tatendrang und bastelte an einem neuen Plan. Im Büro war mal wieder nicht viel los. So blätterte ich in den Stellenanzeigen des Hamburger Abendblattes. Überhaupt, wenn andere Leute Rätsel lösten, stöberte ich lieber in den Stellenanzeigen, um zu sehen, was der Markt so anzubieten hatte. Ich wurde fündig.
„Aushilfs-Servererin für unsere Vierländer-Stuben gesucht"
Absender: Hotel Loews – Hamburg Plaza.
Noch am selben Abend erzählte ich meinem Mann davon.
„Du hast ja vielleicht Vorstellungen, es ist ein Fünf-Sterne-Hotel und bestimmt zwei Nummern zu groß für dich. Die nehmen garantiert nur gelernte Kräfte." Er schüttelte mit dem Kopf über so viel Naivität.
„Das weiß ich auch, deshalb habe ich mir Folgendes überlegt, gerade weil es ein internationales Hotel ist, brauchen die mit Sicherheit auch Servierkräfte, die englisch sprechen können. Das wäre schon mal ein Vorteil für mich. Außerdem schlage ich ihnen vor, dass ich anfangs, bis ich alles kapiert habe, mit weniger Lohn zufrieden sein werde." „Hm, versuch dein Glück." Er wusste, ich war sowieso nicht aufzuhalten.
Ich hatte Glück. Mein Plan ging auf.
Alles lief wie am Schnürchen. Morgens spielte ich Tippse, mittags Hausfrau und am Wochenende Serviererin im Fünf-Sterne-Hotel. Später wechselte ich von den Vierländer Stuben zur Bankettabteilung und arbeitete mich dort bei der ,schwarzen Brigade'* zum ,Chef de Rang'* hoch.

*Wegen der Berufskleidung (schwarze Hose und Jacke bei den Herren) wird das Servierpersonal ,schwarze Brigade' genannt und das Küchenpersonal aufgrund seiner weißen Kleidung ,weiße Brigade'.

*Chef de Rang ist in der Sternegastronomie Abteilungskellner(in), und für eine Servicestation mit ca. 20 bis 25 Gästen zuständig.

177

Das Malheur

Galadiner, heute kam es auf einen perfekten Service an. Alles
musste stimmen, sonst gab`s Ärger. Damen in kostbaren Roben und
Herren mit Smoking füllten den Saal. Bevor der Tanzabend begann,
gab es ein Fünf-Gänge-Menü. Alles lief wie am Schnürchen. Wir
waren bereits beim Dessert angelangt: eine Schaumcreme mit fri-
scher Himbeersoße. Aus der Patisserie kamen die Köche mit den
großen, fünf Etagen hohen Trolles angefahren, auf denen die großen
Tabletts mit den Sektschalen standen, in denen die leckere Nach-
speise kunstvoll angerichtet war. Vorsichtig nahmen wir die großen
Schlitten, wie wir die Tabletts nannten, vom Wagen und brachten
sie zu unseren Serviertischchen, um dort die Süßspeise auf einen
Unterteller, der mit einem weißen Papierspitzendeckchen dekoriert
war, zu stellen.

Heinz rauschte mit einem großen Tablett, bestückt mit der kostbaren
Fracht, in den Saal. Elegant balancierte er es auf seiner flachen linken Hand in Schulterhöhe durch die engen Stuhlreihen. Er stolperte
- zehn Sektschalen flogen im hohen Bogen in alle Richtungen: einer
Dame in den Ausschnitt ihres Abendkleides, einer anderen Schönen
ergoss sich ein Gemisch von gelbem Schaum und roter Soße in den
Nacken. Dem Herrn neben der Dame lief die Soße am Smoking runter. Ja, und was soll ich sagen, einen hatte es auf seiner Glatze erwischt. Die übrigen Gläser verteilten sich auf Tische und Teppich.
Einige gingen zu Bruch. Eine Teppichkante war für Heinz das Verhängnis gewesen. Es war eine Katastrophe...!

1975 - Blauer Satellit

Ich weiß nicht, welchen Stein im Brett ich beim Bankettleiter hatte,
denn was er eines Tages von mir verlangte, hatte ja eigentlich nichts
mit dem Service zu tun. Rein gar nichts. Aufgeregt kam er zu mir
und fragte: „Waren sie schon mal oben im „Blauen Satelliten", unsere Bar in der 26. Etage?" „Nein, warum?" Denn dazu hatte ich nun
wirklich keine Zeit in meinem arbeitsreichen Leben, auch noch eine
Bar aufzusuchen.

178

„Der DJ fällt für die nächsten zwei Tage aus, trauen sie sich zu, Schallplatten aufzulegen?" Nach kurzem Überlegen, antwortete ich: „Hm, ich glaub schon, kann ja nicht so schwer sein." „Okay, dann kommen Sie morgen Abend um neun Uhr, der Bar-Chef wird Sie dann einweisen." Mit stolzgeschwellter Brust überraschte ich meinen Mann, als ich nach Hause kam: „Morgen bin ich DJ im Blauen Satelliten." „Du bist was?" „Na, oben in der Bar leg ich die Platten auf!" „Aha", ein wenig komisch schaute er mich an. Und schüttelte mal wieder mit dem Kopf.

Als ich das Musikpult mit den vielen Knöpfen sah, wurde mir mal wieder, wie schon so oft in meinem Leben, ganz schön mulmig zumute. Der Bar-Chef, ein sehr, sehr netter Mensch, gab sich die allergrößte Mühe, mir das Notwendigste beizubringen. Wie man rechtzeitig eine neue Scheibe auflegt, bevor die alte ausgespielt hatte, kapierte ich schnell. Sie lauter oder leiser zu stellen, hatte ich auch schnell raus. Doch als ein Gast auf mich zukam und mich bat: „Würden Sie bitte die Platte von Berry White – The First, the Last, my Everything – spielen?" ‚Berry White', wiederholte ich in Gedanken, ‚wer in aller Welt ist das denn'? Sagte es ihm natürlich nicht, stattdessen antwortete ich: "Ich versuche es, dauert aber noch einen Moment!" Schnell rannte ich zum Oberkellner und fragte: „Wer ist Barry White, haben wir den überhaupt?" Ungläubig und etwas seltsam schaute er mich an.

Na ja, wenn ich nur am Schuften war, bekam ich doch gar nicht mit, was in der Musikszene so lief…

Und so weiter und so weiter!
„Im Taumel der Begeisterung" erscheint demnächst.

Rechtzeitige Ankündigung auf: www.die-besten-singlereisen.de